本书为国家社科基金一般项目"20 世纪 70 年代美国后马克思主义的社会批判理论研究"（18BZX029）、工业和信息化部党的政治建设研究中心 2020 年度课题（CXZY2044）、马克思主义学院科技创新专项经费（XK2220021001）的阶段性研究成果

奈格里的
自治主体思想研究

李胤 著

RESEARCH ON NEGRI'S
THOUGHT
OF AUTONOMOUS SUBJECT

人民出版社

目　录

导言　自治主体思想的意义与解放道路的路标

在奈格里看来，自治主体是当代资本主义社会中新的斗争群体。这一群体及其自治运动表征着当前客观历史环境下社会斗争形态的新阶段、斗争内容的新形式、斗争模式的新特点。对自治主体的思想的研究以其现实遭遇为切入点，通过分析自治主体受到剥削、组织反抗、联合斗争的逻辑关系，找到资本主义特定历史环境下社会运动的理论与现实的关联，揭示蕴含其中并支撑现实运动的深层的理论内涵。并以此重新审视资本逻辑规律的发展和变化，开辟资本批判的新视野、新视域，为深入透析当代资本逻辑的研究提供新的生长点，也为当代共产主义实践和人类解放道路的探寻提供了新的方向。

一、自治主体思想研究的目的

马克思主义揭示了人类社会发展的一般规律，确立了通过共产主义道路实现人类解放和人的自由全面发展的终极目标。在资本主义这个特殊的历史时期，向共产主义道路的迈进是通过无产阶级革命打破资本主义社会关系的斗争形式来实现的。然而，现实情况是，马克思的无产阶级革命在欧洲的实践运动中相继失败，即使是在十月革命中取得胜利的苏联，最终也发生了解体。这使得马克思基于无产阶级革命的解放理论遭到了质疑。与此同时，在马克思主义内部，那些自诩为正统的马克思主义者也没有坚守马克思的思想，他们或是成为投机分子，或是成为改良分子，总之，纷纷偏离了马克思变革资本主义社会的目的。西方马克思主义虽然意图对无产阶级革命失败的问题进行反思，但是除了早期卢卡奇、葛兰西等人能够关注革命斗争的问题之外，其他的西方马克思主义者大多都导向了以意识形态和文化批判为主的社会批判理论研究，成为以理论批判资本而不是以实践消灭资本的理论家。除此之外，当代马克思主义学者普遍从马克思历史唯物主义角度去阐释资本批判的客观性和科学性，即从对资本逻辑的批判出发去寻求驯服资本而非消灭资本的路径。这在某种程度上与西方政治哲学的研究目的基本类似。他们期望通过资本主义社会政治制度的改良去实现社会关系的变化从而有助于形成更为普遍的公平和正义。但毫无疑问，无论是从批判资本出发去驯服资本，还是在资本主义社会制度层面进行改良，其最终结果都不会超越资本自身的界限，更不会消灭资本。

在这个意义上，以资本为主体进行的马克思主义研究，只强调作为经济学家、哲学家、思想家等学者派的马克思，而否定了作为革命家的"政治的马克思"，这种对马克思的解读所造成的后果就是，遗忘了马克思在无产阶级政治斗争中寻求的全人类解放的终极目标，进而忽视了在这一过程中无产阶级作为革命主体的巨大作用。与大多数的马克思主义者不同，20 世纪六七十年代在意大利兴起了自治主义马克思主义的群体，他们基于意大利革命的客观现实，提出了工人自治的实践运动，从而将工人与资本主义的斗争重新拉回到了马克思的思想平面。作为意大利自治主义马克思主义的代表人物之一，奈格里从当代资本主义全球化的现实条件出发，提出了他关于重建社会主体的激进政治理论。他的目的是通过唤醒当代社会的新革命主体，在马克思主义的政治主张及其解放思想受到质疑的现状下，重塑作为革命斗士的政治的马克思，进而在当代资本主义社会结构中寻找新的通向人类解放的共产主义的道路。

本书的写作目的就是要探讨奈格里提出的社会主体具有何种"能力"，以及变革资本主义社会的"可能性"问题，即奈格里提出的作为自治主体的诸众及其自治运动在理论上能否，以及何以能够撬动当代资本主义统治的杠杆。如果可能，那么它在何种意义上能够突破资本主义统治的内在界限；如果不能，自治主体及其运动的提出对于在当下寻求新的解放道路的目标有何意义。

二、自治主体思想研究的意义

首先，自治主体概念的提出为当代资本主义社会中革命主体问题的迷失重新找到确立了路标。在马克思所处工业化大生产时期，社会的生产关系和社会关系相对简单，马克思将资本主义社会划分为两大阶级：资产阶级和无产阶级。其中，无产阶级作为被剥削的阶级群体，具有消灭阶级结构的革命动力。因而，在那个时代，无产阶级是革命主体的承担者。然而随着资本主义社会的发展，无产阶级已经失去了革命的动力，不再有能力承担革命主体的身份，而自治主体的提出在某种意义上重新激活了那些游荡在世界范围内的幽灵。在现实意义上，自治主体作为新的社会主体再度让世界看到了那些被排除在政治权利之外的边缘人，以及他们在资本统治下所处的生存状态。在理论意义上，自治主体概念及其能力的提出展现了这些"穷人"所具有的巨大的生产能力以及对抗能力，由此会产生变革资本主义的巨大的社会力量。可以说，自治主体这一群体的确立对重新思考革命主体问题的当代研究具有重大的意义。与此同时，自治主体的实践运动展示了不同于传统无产阶级斗争的运动方式。这在当代资本主义环境下指向了新的变革资本主义社会统治的可能。对于推进社会变革具有重大的研究价值。

其次，自治主体的运动展示出的是一种主体性的能力，而这种主体性的力量是生命的内在性能力的表达。在马克思主义的资本主义批判视域下，主体性问题或者说内在性问题是被普遍遮蔽的。因为马克思主义是以历史唯物主义的客观规律为基础去进行的资本主义社会的批判研究，这赋予了理论研究以现实的科学性。但在某种程度上，也忽视了人的主体性作用，而在奈格里对主体问题的研究中，主体性占据着核心地位。可以说，相比于依照客观规律的变化而导致的社会变革的必然性规律，奈格里更倾向于发掘其中的主体性力量。由此，奈格里实现了研究视角的转换，即从研究的客观性视角转到主体性视角，提出了新的研究向度，这对相关理论问题的研究具有重要意义。

最后，奈格里对自治主体及其实践运动的研究是基于一种微观视域进行的。社会变革问题原本是一个宏观问题，但是在当代资本主义的环境下，社会问题普遍偏向碎片化发展。在这一阶段，宏观视域无法适度地概括并阐释社会多样性的问题。在这个意义上，微观视域更能够把控当代碎片化社会的细枝末节，从而使研究的问题能够得到更加细致的解答。

三、自治主体思想研究的理论依据

作为当代激进左翼和后马克思主义的代表人物，奈格里由于其思想的穿透性及其对资本主义批判的激进程度而受到了国内外学者的广泛关注。在奈格里的研究成果中，最著名的是他与他的学生迈克尔·哈特合著的"帝国三部曲",即 2000 年出版的《帝国》、2004 年出版的《诸众》以及 2011 年出版的《大同世界》。纵观国内外学者对奈格里思想的研究,鲜有系统性的专著类著作,主要研究都是基于奈格里思想中各种不同方向的碎片化研究,这些研究主要集中于几个问题之上:帝国、革命主体的建构与非物质生产的关系问题,革命主体的运动策略、路径及其批判等问题,奈格里政治哲学的本体论问题。以上几个问题涉及许多翔实的研究成果。

第一,是关于帝国的论述。哈特和奈格里认为当代全球化的资本主义形成了一种资本的"帝国",这种资本的帝国创造了独特的资本统治规则,形成的是一个无中心、无疆界的统治机器,从而打破了原本中心和边缘对立的统治结构。在这个意义上,"帝国"超越了民族国家的界限实行着新的管理和控制。针对"帝国"及其新的统治形式,萨米尔·阿明(Samir Amin)指出这种论述过于片面。他认为,虽然资本的主导因素的确在朝着世界性的资本主义发展,但实际控制这些因素的财团仍然是一些强大的国家。资本主义经济是不能脱离国家而存在的。因此,阿明将哈特和奈格里构建的帝国视作"关于全球化的幼稚的幻像"①。

约翰·B. 福斯特(John Bellamy Foster)同样对哈特和奈格里的帝国思想提出了批判,他也不赞同民族国家主权被帝国主权取代的想法。福斯特认为,虽然资本主义的全球化发展到了一个新的阶段,但是这个新的阶段只不过是资本主义漫长历史过程中的一部分,它与帝国主义是分不开的。虽然在这一新的阶段基于帝国主义的政治斗争并没有明显地展示出来,但是这并不代表帝国主义统治的消失,只是这种统治往往以更加隐蔽的形式出现。由于帝国主义的主权在根本上就是民族国家的

---

① [埃]萨米尔·阿明:《帝国与大众》,段欣毅译,《国外理论动态》2007 年第 5 期。

主权，在这个意义上，哈特和奈格里将帝国视为新的主权形式从而认为"全球化是民族国家主权的终结，是新的世界秩序，是所有民族的融合，或者是别无选择的现实——所有这一切说法都是我们这个时代精心炮制的神话"①。

第二，是关于自治主义的研究。马里奥·特隆蒂（Mario Tronti）在新左派评论中发表了题为《我们的工人主义运动》的文章，不仅对工人主义运动本身进行了定义，而且意欲对意大利工人运动的不同阶段进行学理上的划分。首先，在工人主义的定义上，他认为，工人主义运动将马克思的观点——实现自身解放的无产阶级将解放全人类重新作了解读。在这一解读中，工人阶级将根据自己的局部利益行动，从而在资本的关系中导致一种普遍的危机。从政治上看，工人主义运动标志着一种新的思维方式。工人主义运动作为工人运动史的一部分，它徘徊于斗争形式和组织手段之间，它关注的是工人与资本之间的关系，是在意大利及意大利之外打破马克思主义教条的一种尝试。② 其次，他认为意大利工人运动可以分为两个阶段：早期的工人主义运动阶段与后期的工人自治运动阶段。这一划分的标准可以根据意大利工人运动刊物《红色笔记》和《工人阶级》的不同侧重点来进行说明。其中《红色笔记》的内容代表了早期意大利工人运动的思想理念，它集中于对工人状况的分析，并表达工人的阶级利益的诉求。"《红色笔记》打开了工厂里面的灯光，镜头对焦并进行拍摄，在照片中生产关系极其明晰地凸显出来。不管如何看待前工人主义知识分子，总是存在一个共识，即其关于工人的

---

① ［美］约翰·B.福斯特：《垄断资本和新的全球化》，陈喜贵摘译，《国外理论动态》2003 年第 6 期。

② 参见［意］马里奥·特隆蒂：《我们的工人主义运动》，吴晓佳译，《马克思主义与现实》2018 年第 2 期。

调查分析是很'明晰'的。"① 相比之下，《工人阶级》则代表了后期的工人自治运动。工人自治运动更倾向于工人所进行的实践斗争，奈格里作为《工人阶级》的创办者，他从事的是以斗争为目的的自我组织的工人自治运动，在这个意义上，《工人阶级》可以看作是"斗争中的工人政治报"。特隆蒂总结道："如果说《红色笔记》实现了内容上的创新，《工人阶级》则是形式上的一场革命。"②

彼得·胡迪斯（Peter Hudis）指出，包括奈格里在内的自治主义马克思主义者是一群主观主义者。在他们看来，工人的运动才是第一性的，而资本主义的发展是第二性的。由此出发，资本逻辑本身不是创造性的，其运动是对工人运动的反应。这些自治主义者主要从政治的角度来看待马克思的计划，他们将马克思著作的重点描述为反对资本逻辑的主观抵抗形式。显然，自治主体开辟了看待资本与工人关系的主观性视角。然而，胡迪斯同时批判道，尽管奈格里的思想阐明了马克思著作的重要方面，但是他将资本主义发展的每一个阶段都看作是主观的对抗性的产物，这似乎有一些牵强附会，"考虑到占主导地位的资本主义国家（尤其是过去几十年）普遍存在的政治沉默，走向全球一体化的世界资本主义是对'新形式的宪政力量'加剧斗争的回应，这似乎非常值得怀疑。此外，一些分析师声称的企业利润率下降，是否源自社会斗争加剧的直接结果，似乎也值得怀疑。"③ 除此之外，对于工人会以怎样的社

---

① ［意］马里奥·特隆蒂：《我们的工人主义运动》，吴晓佳译，《马克思主义与现实》2018 年第 2 期。

② ［意］马里奥·特隆蒂：《我们的工人主义运动》，吴晓佳译，《马克思主义与现实》2018 年第 2 期。

③ Peter Hudis, *Marx's Concept of the Alternative to Capitalism*, Chicago: Haymarket, 2013, p.30.

会形式组织起来，或者说什么样的社会模式能够允许这种主体性的自由构成，这些问题在奈格里看来都是没有意义的，他认为不需要现成的组织，自发性的斗争会产生社会化的合作从而导致新社会的建立。而这显然是"他对资本主义发展的当代历史的认识和研究的局限"①。

第三，是关于阶级斗争、对辩证法的排斥。约翰·霍洛威（John Holloway）主张阶级斗争的概念是建立在资本主义关系所包含的对立形式的基础上的。这种阶级斗争的对象是一种综合性的形式——由资本与人的对立关系共同形成。而在奈格里对诸众范畴的理解中，存在关于阶级斗争的认知局限。因为基于诸众主体性的认知形式得到的不是面向综合性的阶级斗争，而只是"根据一个新的积极的政治人物设想出来的斗争"②，它忽视了客观存在的资本对人的支配关系所代表的权力。除此之外，奈格里对辩证法的排斥也遭到了霍洛威的质疑。奈格里所批判的辩证法唯物主义根植于黑格尔的辩证法，奈格里对辩证法的排斥主要是因为辩证法在矛盾的对立运动之后达到的是对立面的和解，从而导向一种封闭体系的形成而非指向一种开放的空间。在这个意义上，在实践斗争中，辩证运动的结果是在劳资之间建立一种新的权宜之计，它不会有助于跨越统治的界限，只会维持统治。这显然无法达到奈格里所期许的主体性对新世界建构的需求。在霍洛威看来，奈格里对辩证法的批判和排斥，最终导致的是对辩证法中蕴含的否定性的排斥，由此会带来理论和政治层面的双重后果，"它可能导致否定与综合、拒绝与和解、起义与协调的政府之间的区别模糊不清"③。

---

① Peter Hudis, *Marx's Concept of the Alternative to Capitalism*, Chicago: Haymarket, 2013, pp.30-31.

② John Holloway, et al., *Negativity and Revolution*, London: Pluto Press, 2009, p.117.

③ John Holloway, et al., *Negativity and Revolution*, London: Pluto Press, 2009, p.6.

　　第四，是关于自治主体及其运动策略的问题。与奈格里同为意大利自治主义者的保罗·维尔诺在《诸众的语法》中对奈格里的自治主体反抗资本主义策略提出了质疑。奈格里提出自治主体能够进行自主生产，由此可以拒绝资本，并从资本的控制中"逃离"，这种逃离是自治主体与资本斗争的强有力的形式，而反抗的群体正是通过这种逃离的斗争形式去构建的。但维尔诺认为，奈格里所谓的"逃离"只是"一种暂时状态"①，因此他不建议采取"逃离"的策略，而是强调把政治行动从它现在的"瘫痪状态"中解救出来，从现有的革命形式中形成新的斗争形式。

　　齐泽克在《〈帝国〉: 21世纪的〈共产党宣言〉?》中指出，哈特和奈格里对当前的全球社会经济变化过程如何为激进的措施创造其所需的空间缺乏分析，其原因在于他们没有能够在当前的条件下去重复马克思的分析，即缺乏社会经济方面的具体分析，"只使用了一些德勒兹式的空洞术语，如 multitude（诸众）和 deterritorialization（去地域化）等"②。从这个角度来说，齐泽克认为哈特和奈格里对帝国时代的分析仍然处于一种前马克思主义的分析。由此造成的结果是，二者提出的政治斗争的目标建议不仅矛盾重重，而且难以摆脱形式的空洞和无能的激进主义。在此基础上，齐泽克在其著作《视差之见》中指出了具体的问题。他认为在哈特和奈格里的视域中，生产直接就是非物质生产，产品不再是物质客体，而是新的社会（人际）关系，简言之就是生命政治的生产。这种直接化的非物质生产逐渐使所有者变得多余，经济生产直接变成了政治

---

① ［意］保罗·维尔诺:《诸众的语法:当代生活方式的分析》，董必成译，商务印书馆 2017 年版，序言第 4 页。

② ［斯］斯拉沃热·齐泽克:《〈帝国〉:21 世纪的〈共产党宣言〉?》，张兆一摘译，《国外理论动态》2004 年第 8 期。

生产，变成了对社会自身的生产。齐泽克指出，这里涉及的问题是哈特和奈格里一直摇摆于全球化资本主义的"去地域化"力量与民众在反抗资本主义权力时使用的斗争说辞当中，由此造成了对客观生产形式的疏忽。

第五，对奈格里思想的综合论述和批判。在《解释世界还是改造世界——评哈特、奈格里的〈大同世界〉》中，大卫·哈维（David Harvey）从共产主义、革命模式、非物质生产、共同性的生产与斗争等方面对奈格里的思想进行了综合的论述和批判。

首先，在共产主义方面。大卫·哈维指出，奈格里的思想中存在两个根本性的主题：一是关于诸众的定义；二是关于诸众对新世界的建构。其中，诸众被定义为当下社会的新的政治主体，他能够塑造一个不同于资本主义的新世界。在这一过程中，诸众的能力源自一种内在性的力量，从这一力量出发，诸众能够依据自己的利益行动，其实践结果不产生其他等级制的权力关系或者政党形式，从而能够以最彻底的方式去改造世界。显然，在当下现存的共产主义运动被忽视后，诸众的运动使新的共产主义成为可能。在这个意义上，哈维认为奈格里所定义的诸众的运动在某种程度上"重新定义了共产主义的内容"①。然而，奈格里所探讨的诸众的内在性力量的理论根源在于斯宾诺莎主义，是对斯宾诺莎思想的继承和发扬。在哈维看来，奈格里的这一做法显然是在用17、18世纪的思想力量去塑造当代社会的共产主义形式，而"跟随17世纪那个来自阿姆斯特丹的磨镜片师傅去寻找答案，这有些匪夷所思"②。

---

① ［美］大卫·哈维：《解释世界还是改造世界——评哈特、奈格里的〈大同世界〉》，王行坤译，《上海文化》2016年第2期。

② ［美］大卫·哈维：《解释世界还是改造世界——评哈特、奈格里的〈大同世界〉》，王行坤译，《上海文化》2016年第2期。

其次，在身份与阶级的革命模式方面。在哈维看来，奈格里的革命思想源自他的身份政治，即从身份政治出发去与资本逻辑对抗。在奈格里的思想中，身份本身就是在主权和财产的基础上产生的，它设定了关于性别、种族等类别的差异。而基于这种身份革命的解放只能通过消灭身份来实现。对工人来说，就是消灭他们作为工人的身份。哈维首先认同了奈格里提出的基于身份的革命模式在很多方面都是具有启发性的，但他同时强调，只注重身份政治的革命形式构成了奈格里理论的严重缺陷。一方面，只基于身份政治的革命会把身份当作革命的目的，而不是革命的手段。虽然由此可能会恢复身份的自由，但是却会耽误解放事业的实现。另一方面，阶级比身份形式更为根本，无论种族、社会性别和生理性别的身份在资本主义的历史中有多么重要，无论与这些身份相关的斗争有多么重要，我们可以想象出没有这些身份形式的资本主义，但我们却无法想象没有阶级的资本主义。①

再次，在物质生产与非物质生产的关系方面。在哈维看来，奈格里关于生产方式的富有启发意义的见解就是他看到了非物质生产方式的重要作用。如果马克思是通过物的关系来描述资本主义社会的生产关系，那么奈格里则把这种关系推进到了非物质生产之上。在这一视野下，当代资本主义社会的生产表现为信息、图像、知识、情感和社会关系等关于人的主体性的直接生产。这时生产的客体不再是物，而是主体，整个生产过程成为主体生产自身的社会关系和生命形式的生产过程，表现为非物质生产或生命政治生产。由此出发，变革资本主义的斗争领域就被奈格里安置在了生产主体性的视角之上。然而，哈

---

① 参见［美］大卫·哈维：《解释世界还是改造世界——评哈特、奈格里的〈大同世界〉》，王行坤译，《上海文化》2016 年第 2 期。

维同时指出，奈格里的思想在一定程度上对主体性过于偏执，由此导致对生产的客观性的忽略，而这与马克思的研究是不相符的。因为马克思不仅关注物质生产，而且同时关注社会关系等方面的非物质层面或政治主体的生产。由此，哈维指出："我更希望，哈特和奈格里能够更加认真地对待马克思'非物质但却客观'的论述，并且更多讨论'客观的'这一方面。"①

最后，在共同性的生产方面。共同性概念是奈格里在主体性生产领域与政治斗争领域所关注的焦点。在哈维看来，奈格里对当代资本主义生产的分析从工厂转移到了大都市，认为大都市是生产共同性的工厂，并将对共同性的生产和争夺视作政治斗争的根本目标，这对认识当代资本主义的新生产模式以及斗争形式具有重要的启示作用。但这里同时存在一个严重的问题，那就是如何能够在具体的现实中使多样性的诸众支持或发展共同性，而不是破坏或者腐化共同性。对于这一问题，奈格里并没有给出确切答案。由此，哈维指出，奈格里的"很多观点抽象看起来很好，但却没有具体的提议措施"②。

四、自治主体思想研究的思路

对奈格里的自治主体及其解放道路的研究，必须追问以下两个问题：第一，奈格里提出的作为自治主体的诸众具有何种"能力"能够成为新的革命主体；第二，自治主体的运动对资本主义社会变革的"可能性"问题。以这两个基本问题为前提，再去追问何谓自治主体，它产

---

① ［美］大卫·哈维：《解释世界还是改造世界——评哈特、奈格里的〈大同世界〉》，王行坤译，《上海文化》2016 年第 2 期。

② ［美］大卫·哈维：《解释世界还是改造世界——评哈特、奈格里的〈大同世界〉》，王行坤译，《上海文化》2016 年第 2 期。

生的前提，它的内涵，它是如何运动的，以及这种自治主体在何种意义上能够突破资本的界限从而变革资本的社会关系等问题。通过对主题所涉及的问题进行相关的追问、思考、澄清和回答，本书可分为五个部分：

第一章，自治主体的实践观念与历史背景。主要通过论证去追问自治主体产生的理论根源和现实背景。一方面，从马克思的无产阶级运动及其解放道路、西方马克思主义对社会运动问题的推进、意大利自治主义所提出的新的变革社会的运动方式这三个阶段去论证社会主体的实践观念的发展，在历史发展进程中去把握资本主义社会变革的内涵逻辑。另一方面，阐释当前全球化时代的政治主权形式、经济生产环境和文化形态特征，发现自治主义是基于何种客观现实产生的，这种现实的变化在何种意义上能够推动新革命主体的产生和塑造。

第二章，自治主体及其内在性建构。在第一章阐明自治主体的背景之下，这一章意在详细阐述自治主义何以产生的理论前提，并追问究竟何为自治主体，它是如何建构出来的，这种自治主体具有何种能力。首先，追问自治主体"为什么"能够被提出，即对自治主体产生的理论前提进行追问。接下来，追问这种自治主体的主体性视角是通过何种方式发现的，为何在以往的资本主义研究中没有深入研究。其次，追问自治主体"是什么"，它是如何形成的，也就是对自治主体的实际承担者、对自治主体的特征进行追问。最后，追问自治主体具有何种内在的能力，包括它的生产能力和对抗资本主义的能力。可以说，这一部分主要是对自治主体本身及其运动能力的追问。

第三章，自治主体的生命政治运动。在确认了自治主体内在的主体性能力之后，在何种意义上能够将这种能力表现出来是本章论述的要点。由此，首先要论证的是自治主体运动的可能性前提，即何种前提为生命的主体性及其自由的行动提供了可能，从而使自治主体能够将其主体性的能力展示出来。其次，追问自治主体采取何种运动方式，不仅能够增强自身的力量，而且还能够避免被资本统治所剥削。最后，追问自治主体的运动通向的是何种目标或者说解放的形式，从而能够超越资本主义现代性的制度。

第四章，自治主体的运动与资本主义界限。在澄清何谓自治主体以及自治主体能力的基础上，论证它在何种意义上具有打破资本主义的界限进而实现社会变革的可能性，这是本章主要论述的问题。既然是要论述能否超越资本主义界限，那么，首先就要明确资本统治究竟在哪些方面存在何种界限。本书从逻辑递进的角度提出了资本主义的价值增值的界限、劳动剥削的界限、权力统治的界限以及私有财产的界限。以此为基础，论证自治主体的生命政治运动在何种意义上具有突破这些界限的可能性。具体来说，首先，论证自治主体的生命政治劳动创造的价值在何种意义上能够突破资本以交换价值为主的价值规律。其次，论证自治主体的生命政治生产在何种意义上能够打破资本对劳动的剥削形式。再次，论证自治主体的自主性权力在何种意义上能够取代资本统治的等级制的权力界限。最后，论证自治主体进行的生命政治生产在何种意义上能够动摇资本的私有财产的根基。

第五章，自治运动的共产主义道路。在论证了作为自治主体的诸众所具有的能力及其变革资本主义的可能性的基础上，追问它是否能够通向以及通向何种共产主义的解放道路。既然是对共产主义进行追问，那么首先要对共产主义所包含的问题进行澄清，找到共产主义的真实面相。一方面，对现实中的共产主义失落问题进行分析，挖掘它的内在原因；另一方面，揭示一些普遍存在的对共产主义的误读。以此明确共产主义问题本身的真实内涵。其次在对共产主义问题进行澄清之后，需要追问自治主体的运动所指向的共产主义与马克思的共产主义有何区别。
这里不仅需要追问自治主体的运动构建了怎样的共产主义，更需要追问
自治运动以何种方式通向共产主义。

第一章　自治主体的实践观念与历史背景

　　自治主体是由意大利自治主义马克思主义者提出的工人自治运动的主体。自治运动是一种关乎现实的实践活动，从这一特征出发，自治主体首先应当在实践的范畴内去理解。在马克思主义阶级理论中，无产阶级才是阶级运动的主体。意大利自治主义者没有使用无产阶级这一概念，反而使用自治主体这一概念，这就表明自治主体与无产阶级之间存在着一定的区别。意大利工人自治运动是在 20 世纪六七十年代兴起的社会运动，它是马克思主义无产阶级运动与意大利客观现实相结合的产物。在这个意义上，这一社会运动的形成，一方面受马克思主义阶级斗争的实践观念的影响，另一方面也是当时社会的客观环境的产物。由此可见，自治主体是在一定的实践观念与客观现实的相互作用下才应运而生的。那么自治主体的实践观念是如何演变而来的，它经历了哪些重要的发展历程？除此之外，现实的客观环境究竟发生了何种变化从而导致了对主体认知的转变？对于这几个问题的回答是认识自治主体及其自治运动的基础。

第一节 自治主体的实践观念的演变历程

任何思想都不是凭空产生的,都有其深刻的历史和理论背景。意大利自治主义马克思主义者提出了自治主体并不代表他们完全抛弃了对原本社会运动主体的认识而创造了一种主体的全新形式。自治主体的形成是历史和现实双重作用的结果。对于自治主义马克思主义来说,它可以算作西方马克思主义的一个流派,这使得它在某种程度上继承了早期西方马克思主义的思想。由此出发,其实践观念的形成也必然具有之前思想的影子。但正如西方马克思主义也继承了马克思的理论内涵,却依照之后的现实困境对革命问题提出了与马克思阶级理论不同的观点一样,自治主义马克思主义的实践观念也会发生转变。但是这种转变究竟产生了何种影响,是在原有问题的基础上扩展了研究的深度还是超越了原有的框架开创出了新的领域,这是理论研究的重点。在这个意义上,探讨自治主体及其实践运动的问题,不仅要明晰当下的自治主体秉持何种实践的斗争理念,而且要在这种理念的历史变化中去把握它发展的内涵逻辑。

一、马克思的阶级理论与无产阶级革命

马克思的阶级理论产生于资本主义社会发展的一定历史时期,是对无产阶级与资产阶级关系的定义。这一阶级理论的内涵并不是一成不变的,它随着无产阶级的反抗斗争的发展而变化。无产阶级作为马克思阶级理论的先进性的力量,是阶级斗争的发起者。在马克思看来:"一定时代的革命思想的存在是以革命阶级的存在为前提的。"[①] 马克思的阶级

---

① 《马克思恩格斯文集》第 1 卷,人民出版社 2009 年版,第 551 页。

理论作为无产阶级斗争的理论支撑，它是在无产阶级作为一只独立的政治力量出现在历史舞台之上的时候形成的。在这个意义上，马克思阶级理论的形成直接代表无产阶级与资本主义之间矛盾的成熟与激化。

马克思的阶级理论是在宏观视域下对阶级关系的分析。探讨的对象是阶级群体。阶级群体并不是随意形成的群体，群体之所以被冠以"阶级"的称号，归根到底是由于群体之间存在着特定的阶级关系。从特定的阶级关系出发，马克思区分了资本主义社会的两大阶级：资产阶级和无产阶级。事实上，资产阶级和无产阶级的划分只是一种简单的划分，是一种阶级关系的简单呈现，并不是说资本主义社会除了资产阶级和无产阶级之外就不存在其他的群体了，而是说资产阶级和无产阶级是阶级矛盾的主要载体，这两个群体表征着当代资本主义社会主要的阶级矛盾。对于这种构成了资本主义社会主要矛盾的阶级关系来说，马克思曾指出："私有制不是一种简单的关系，也绝不是什么抽象概念或原理，而是资产阶级生产关系的总和（不是指从属的、已趋没落的，而正是指现存的资产阶级私有制）。既然所有这些资产阶级生产关系都是阶级关系，（这是亚当·斯密或李嘉图的每一个学生都应当知道的，）那末，这些关系当然只有在各阶级本身和他们的相互关系发生变化以后才能发生变化或根本消灭；而阶级间的关系的变化就是历史的变化，是整个社会活动的产物，总之，是一定'历史运动'的产物。"① 在这个意义上，从阶级关系的生产要素及其历史变化的逻辑之中可以透析马克思的阶级理论与革命的内在关联。

阶级在本质上首先是一个经济范畴。经济范畴是学界普遍承认的划分阶级的标准。对于以经济范畴为基础的阶级关系，只有从经济生产关

① 《马克思恩格斯全集》第 4 卷，人民出版社 1958 年版，第 352 页。

系的变迁中才能找到阶级产生的存在根源，进而揭示出阶级问题的起源和本质。在马克思看来，经济关系包含了一定的生产体系中的人们与生产资料之间的占有关系、产品分配的关系以及人们在生产关系中所处的地位。这是阶级划分的经济学根据。马克思曾指出："阶级对立是建立在经济基础上的，是建立在迄今存在的物质生产方式和由这种方式所决定的交换关系上的。"①阶级作为经济关系的产物，是由一定阶段的生产力发展，以及生产力与一定社会生产关系相结合的基础上产生的。生产所处的经济时代不同，生产力和生产关系发展的状况不同，经济关系以及由此形成的所有制关系不同，以此作为基础的社会阶级关系和阶级构成也就各不相同。

在马克思关于资本主义阶级理论形成的年代，经过工业革命的发展，资本主义的社会生产力远超之前的时代。在这一时期，资本主义的社会生产方式和组织形式发生了转变，从生产环境来看，资本主义的生产从原本的手工业作坊进入机械化大生产的工厂之中，生产方式从个体生产变成了集体生产，从能够自主驾驭生产过程的手工劳动过渡到了工厂机器体系的一个环节。从组织形式来看，生产环境的转变使原本普遍相互隔离的劳动者集中在一起成为工厂中的工人。这样，工人就不再以零散的方式单独生产，而是共同参与到一定的生产过程之中，通过相互协作进行生产。这种生产力和生产关系的变化对于阶级关系的构成起着至关重要的作用。一方面，劳动者在工厂中组织到了一起，以共同的工人身份存在，共同从事生产劳动；另一方面，组织起来的劳动者在总体上受资本所有者的管控，其劳动成果受到资本所有者的剥削。作为资本所有者的资本家群体和劳动者的工人群体很明显构成了一个统治与被统

① 《马克思恩格斯全集》第 5 卷，人民出版社 1958 年版，第 533 页。

治、剥削与被剥削的关系。由此，形成了阶级之间的对立关系——资产阶级和工人阶级的阶级关系。在由经济关系造成的阶级关系的结构中，工人除了自己的劳动一无所有，他们只能出卖自己的劳动换取生存的物质资料。在出卖自己的劳动变为雇佣劳动之后，工人通过劳动产生的剩余价值被资本家占有。在马克思所处的资本主义生产环境中，工人只能以为了生存而被剥削的方式存在。在这种情况下，只有通过革命打破工人阶级和资产阶级之间的阶级关系才能使工人作为人而被解放出来。

在阶级社会，阶级斗争是生产力和生产关系矛盾运动的必然结果，是理解和推动历史变迁的动力所在。马克思指出："社会的物质生产力发展到一定阶段，便同它们一直在其中活动的现存生产关系或财产关系（这只是生产关系的法律用语）发生矛盾。于是这些关系便由生产力的发展形式变成生产力的桎梏。那时社会革命的时代就到来了。"① 在资本主义社会，阶级斗争是无产阶级为了维护自身的利益所采取的集体行动。在马克思看来，资本主义社会的阶级斗争只能由无产阶级来发起。无产阶级如果不通过革命打破他们的阶级关系，不变革由这种阶级关系构成的阶级社会，他们就无法实现自身的全面发展，就不可能实现自身的解放。

在资本主义社会中，资本逻辑是资本主义统治的基础和原则。资本逻辑运行的目的是不断地进行资本积累，而资本积累表现为资本社会财富的增加。在资本主义商品经济时代，社会财富的增加内在的是资本价值的增值。价值如何以及为何能够增值？马克思指出，价值增值发生在生产领域，源自资本对工人劳动所生产的剩余价值的占有。可见，资本的价值增值归根到底来源于工人的劳动。这样，资本与劳动的关系问题

---

① 《马克思恩格斯全集》第 13 卷，人民出版社 1962 年版，第 8—9 页。

就构成了资本主义发展的根本问题。对于资本本身来说，只有剥削劳动的剩余价值才能实现自身积累的目的，才能维持资本主义社会的运转。为了达到这一目的，资本必须维持其与劳动之间的剥削关系。剥削关系是一种剥削和被剥削的对立关系，只有同时满足剥削与被剥削的条件才能存在。这种相互对立关系表现为一种阶级关系，在资本主义社会中表现为资产阶级和无产阶级之间的阶级关系。在这个意义上，为了达到资本积累进而实行剥削的目的，资本逻辑必须维持资产阶级和无产阶级这种结构的阶级构成。只有这样，资本主义才能如愿向前发展。资本主义的发展符合资产阶级的利益，然而在其对立面，却创造了一直处于被剥削状态的群体——无产阶级。站在资产阶级的立场来看，无产阶级存在的意义就在于为他们生产剩余价值。由此，无产阶级就不是作为人出现的，而是以抽象的生产对象的身份存在的，他们只是抽象价值的生产者，再无其他意义。在这样的境遇下，无产阶级若要撕掉抽象的价值生产者的标签，摆脱被剥削的命运，必须要反抗并消灭其与资产阶级之间的阶级关系，使其自身恢复自由的身份，进而全面地发展自身。在这一过程中，消灭阶级的任务只能由参与到这种阶级关系中的人去完成。由此，在构成阶级结构的两极中，只有无产阶级才能作为反抗的主体，只有他们才能坚定不移地站在一起去反对另一极的对手。这种反抗只能通过革命的方式来达成。革命只有一个目的，就是消灭资本主义。除此之外，任何改良的方案都是徒劳的，因为改良不会变革资本主义社会，也就不会改变无产阶级和资产阶级之间的阶级关系。

二、西方马克思主义的意识形态和文化批判

马克思揭示了蕴含在资本主义社会中资产阶级和无产阶级相互对立的矛盾关系。在此基础上，他提出了一条无产阶级反对资产阶级的革命

道路。其中，无产阶级始终被马克思视作革命的主体，他们只有解放自身才能消灭阶级，才能最终实现作为马克思主义终极目标的全人类的解放。事实上，无产阶级解放和无产阶级专政是马克思和恩格斯基于一定的理论基础及其所处的时代背景和现实的实践经验而提出的。具体来说，在理论层面，无产阶级解放的革命建立在唯物史观的基础之上，即由生产力和生产关系、经济基础和上层建筑之间的矛盾所推动。当生产力和生产关系的矛盾以对抗和冲突的形式表现出来时，现存的社会经济基础就会发生动摇，这为阶级革命提供了客观的条件。在实践层面，马克思和恩格斯通过对 1848 年欧洲革命和 1871 年巴黎公社等革命经验的反思，制定了以无产阶级为革命主体的暴力革命策略。对于无产阶级来说，它只有通过暴力打碎旧的国家机器和建立无产阶级专政，才能实现消灭阶级、实现人类解放的历史使命。可以说，无产阶级革命表达了马克思所处时代的马克思主义的实践观念，它构成了马克思和恩格斯所处的 19 世纪以及之后相当长一段时间内的无产阶级运动所依据的准则。

然而，无产阶级的实践观念并不是马克思主义唯一的实践观念。这是因为，虽然在 20 世纪初的不同国家和地区都陆续爆发了以暴力夺取政权的无产阶级革命，但是这些革命却都以失败而告终。这就促使一些马克思主义者对无产阶级的革命问题进行反思。其中，站在马克思思想的立场上强调革命的政治与经济及其相关因素的人认为，无产阶级革命失败的原因，一方面在于作为革命前提的政治和经济方面的发展还未成熟；另一方面在于无产阶级革命在组织上出现了问题。西方马克思主义思想家通过对无产阶级本身及其所处社会的文化模式的分析，提出了以意识形态和文化领导权为主要内涵的新的实践观念，从而使革命的形式从政治革命转向意识形态和文化革命。在这一转变的过程中，无产阶级革命以及作为革命主体的无产阶级本身的作用被逐渐淡化了。

　　在西方马克思主义早期的思想家中，卢卡奇和葛兰西的研究具有代表性，由此，他们被称作西方马克思主义的创始人。他们根据新的历史条件下无产阶级自身的状况确立了新的无产阶级革命策略。卢卡奇在《历史与阶级意识》中指出，资本主义是由商品经济主导的，商品在生产和交换过程中以物的形式存在，由此产生了一种物化现象，即一切社会关系，无论是人与人的关系还是人与物的关系都统一变成了一种物的关系。卢卡奇物化理论的提出与马克思在《1844 年经济学哲学手稿》中提出的异化理论具有相似性，这反映出物化理论在现代社会中所具有的重要价值，它"是我们时代的关键问题，并且无论资产阶级还是无产阶级的思想家，无论政治上和社会上的右派还是左派思想家都看到和承认这一点"①。随着在社会范围内物化的普遍化以及物化程度的加深，物化结构内化到了人的存在之中，影响了人的思想活动和现实活动。对此，卢卡奇认为，"在资本主义发展过程中，物化结构越来越深入地、注定地、决定性地沉浸入人的意识里"②，最终形成一种认同现状的物化意识。这种物化意识的结果是，人将物化结构及其外在规律视作其本身的发展规律，进而服从这一规律。这种物的运动破坏了人本身的实践活动和人与人之间关系的有机统一，从而使基于现实的人及其历史发展的社会生产进程失去了原本内在的、有机的总体性。由此，人丧失了超越这一物化现象的批判性的主体性维度，它的存在及其主体性被片面地固定在某种物的运动当中。在卢卡奇看来，这是影响作为革命主体的无产阶级及其斗争的主要因素。"从这一分析，卢卡奇得出结论，要扬弃物化，就要依赖于历史的总体性的生成，而总体性的生成又取决于无产阶

① ［匈］卢卡奇：《历史与阶级意识》，杜章智等译，商务印书馆1999年版，新版序言第17页。
② ［匈］卢卡奇：《历史与阶级意识》，杜章智等译，商务印书馆1999年版，第156页。

级的阶级意识的自觉。当资本主义最终的经济危机爆发时，革命的命运和人类的命运将依赖于无产阶级的阶级意识的成熟。这样一来，卢卡奇把意识革命提到了无产阶级革命的核心地位，对传统无产阶级革命观提出了很大的修正。"①

葛兰西则通过对人类社会结构中市民社会的内涵以及文化领导权的作用来阐释他的革命理论。他认为，西方社会无产阶级运动之所以失败的原因在于没有考虑到市民社会产生的作用。具体来说，葛兰西认为，造成俄国十月革命的胜利与欧洲革命的普遍失败的原因在于东西方社会结构的不同。在东方社会，社会结构的上层建筑仅仅表现为一种政治形态，它是国家、政府等政治活动存在的领域，统治表现为政治上的强制和暴力。需要注意的是，在这一领域中没有形成独立的市民社会。当这样的社会出现政治危机时，只要通过暴力形式打破政治的强制统治，社会运动就会取得成功。然而，在西方社会中，社会结构的上层建筑是由两方面决定的，一方面是之前所提到的政治社会，而另一方面则是由文化、伦理和意识形态的活动领域共同构成的市民社会。这样，统治阶级不仅具有政治上的领导权，还拥有在意识形态和文化领域的霸权。这时，只通过暴力的无产阶级革命运动去打破政治领导权并不能完全实现斗争的目标，因为这种暴力运动并没有消灭统治阶级在意识形态和文化上的领导权。葛兰西指出，正是对意识形态和文化领导权的忽视，造成了西方无产阶级斗争的失败。基于这一分析，葛兰西提出，"在西方社会，革命的首要任务不是政治革命，而应当是文化革命，首要的任务是同资产阶级争夺意识形态领导权"②。

---

① 衣俊卿:《西方马克思主义概论》，北京大学出版社 2008 年版，导论第 10 页。

② 衣俊卿:《西方马克思主义概论》，北京大学出版社 2008 年版，导论第 10—11 页。

　　可见，卢卡奇和葛兰西从不同的视角出发都强调了社会的意识形态
和文化层面的作用，并以此提出了新的无产阶级斗争的策略。在这个意
义上，虽然他们所侧重的方向相比于马克思来说已经发生了某种偏移，
即从一种基于矛盾的社会政治的批判视角转移到了一种社会意识形态和
文化批判，但是由这类批判出发所导向的意识形态革命和文化革命的最
终目标仍然是无产阶级革命。在这个意义上，作为革命主体的无产阶级
及其运动形式仍然是关注的焦点。除此之外，早期西方马克思主义其他
的思想家，如柯尔施和布洛赫也从不同的视角得出了类似的结论。然而
到了 20 世纪中期，一些西方马克思主义思想家所关注的焦点则脱离了
无产阶级斗争的范畴，他们把视野集中到了关注人类普遍的生存境遇的
问题之上，试图通过摆脱当下现实的社会和文化困境，去寻求新的自由
和解放的途径。

　　以霍克海默、阿多诺、马尔库塞和哈贝马斯等西方马克思主义学
者为主要成员的法兰克福学派普遍从事社会批判理论的研究。他们认
为，相比于由经济基础和上层建筑的内在矛盾所造成的社会困境，现
代的文化困境更加值得关注。他们通过"技术理性批判、意识形态批
判、大众文化批判理论表明，在发达工业社会条件下，马克思在 19
世纪 40 年代所剖析的异化现象非但没有被扬弃，反而呈现出深化和
加剧的趋势，具体表现在：以统治人、束缚人、扼杀人性为特征的异
化机制从传统政治统治和经济压迫转化为技术、理性、意识形态等无
形的文化力量对人不知不觉的操控。这种新的统治形式由于具有技术
主义和消费主义的'合理的'外观，更加深入到社会生活和个人日常
生活的各个领域"[1]。法兰克福学派的批判理论秉承着一种人本主义的

---

[1]　衣俊卿：《西方马克思主义概论》，北京大学出版社 2008 年版，导论第 161 页。

哲学理念，它从人的存在方式及其历史困境出发，通过揭示并扬弃人在现实生活中的异化，试图去寻求一种超越当下人的社会形态的变革力量。与法兰克福学派的人本主义哲学批判理论不同，在西方马克思主义中还存在着一种科学主义的哲学理念，它把人类的发展看作遵循必然性规律的历史进程，并根据这种"必然性"和"规律性"来对现实进行批判，以寻找历史的意义。在科学主义的马克思主义中，阿尔都塞所代表的结构主义与德拉·沃尔佩所代表的实证主义是最具有影响力的。他们重视的是现代性的技术理性的发展，强调以科学的精神来取代独断性的传统哲学，从而对马克思主义作出一种科学主义的阐释。

可见，在卢卡奇和葛兰西等早期西方马克思主义学者之后，无论是继承并发扬马克思早期人本主义思想的法兰克福学派，还是与之持相反观点的科学主义的马克思主义者，他们都提出了基于不同旨趣的批判理论。可以说，批判或批判意识成为这些西方马克思主义者的共有特征。然而，与卢卡奇和葛兰西等人不同的是，这些西方马克思主义者并没有将其对意识和文化等不同视角的批判与无产阶级斗争联系起来，而只是从各自的观点出发去揭示他们所发现的社会问题并提出相应的社会改革方案。在这个意义上，作为革命主体的无产阶级被普遍遗忘了，一同被遗忘的还有能够消灭资本主义的无产阶级的实践运动。而现在的斗争形式只是一种基于文化和意识形态批判的斗争，这种斗争形式注定了它只能在资本主义本身的范围内进行。也就是说，资本主义造成了何种形式的人类困境，思想家们就针对这种困境予以批判，但结果只能是对以资本为主体的资本逻辑的揭示和改良，而无法超越资本主义。由此，致力于消灭资产阶级的无产阶级的斗争从一种理论与实践相结合的解放运动发展成为一种纯粹的学理性的批判活动，从而忽略了斗争的实践本性以及无产阶级作为主体的实践潜能。

三、意大利自治主义的工人运动

对于西方马克思主义，无论是早期的人本主义马克思主义还是中后期的科学主义马克思主义，都从马克思不同时期的文本中蕴含的思想出发去解释和批判资本主义社会。在这些研究中，西方马克思主义学者们与资本主义进行的交锋只在理论层面中进行，而没有进行实际行动。因此，虽然西方马克思主义者通过对马克思主义进行重新解读，试图重建马克思主义，但他们最终完成的，只是那个解释世界的马克思，而不是那个意图改变世界的马克思。佩里·安德森认为西方马克思主义只是"以自己的密码式语言来说话了，它与工人阶级的距离愈来愈远"①，它已经完全脱离了工人运动和共产主义实践，偏离了马克思关于无产阶级的实践运动的本性，转而去用哲学或社会学的话语去谈论文化和意识形态等问题。

在20世纪60年代到70年代的意大利产生了这样一个流派——意大利自治主义。意大利自治主义在对待工人运动的方式上与西方马克思主义不同，这一流派重新回到了工人斗争的实践运动之中，这在某种程度上发展了马克思无产阶级斗争的实践本性。意大利自治主义可以看作是西方马克思主义的一个流派，包括葛兰西、德拉·沃尔佩、卢西奥·科莱蒂、马里奥·特隆蒂、安东尼奥·奈格里、保罗·维尔诺、拉扎拉托等都是意大利自治主义的代表人物。与传统的西方马克思主义学派沉溺于以理论的方式解释世界不同，意大利自治主义——或者也可以

———————
① [英]佩里·安德森:《西方马克思主义探讨》，高铦等译，人民出版社1981年版，第44页。

说是工人主义——将斗争的理念与主体的行动相结合，直接进入工人运动的实践之中，是对工人的实践运动的反思与批判。

那么究竟何为自治主义。奈格里指出，"1960—1970 年代，资本主义的发展正在改变其劳动过程和生产方式，这是我们最为关注的，我们需要研究这一改变，并思考如何应对，以便重新组织我们的斗争形式。正是在这一背景下，我们于 1969 年第一次提出了'工人自治'概念"①。自治主义表现的是一种工人的自治运动，它一方面是在资本主义发展到特定时代的理论和现实相结合的产物；另一方面是工人通过自我组织而形成的一种自治的斗争形式。在这一过程中，自治主体的对象是工人，但由于其协调和组织形式不同于传统的工人阶级，因此这种自治主义不能简单的与传统的由政党领导的工人阶级的政治斗争相等同，它是一种基于新的资本主义客观现实而形成的、完全表达工人通过斗争实践解放自身的新的工人运动的筹划和形式。

自治主义作为一种新的工人运动的实践形式，它恢复了在西方马克思那里被遗忘了的对马克思主义的政治性解读。西方马克思主义主要是基于马克思早期的文本《1844 年经济学哲学手稿》，或是晚期作为马克思思想大成时期的著作《资本论》而形成了人本主义和科学主义两种思潮，以及在这两种思潮中进一步发展出来的如存在主义或结构主义等不同理论形态的思想体系。因此，在一段时间内，马克思主义学界都普遍承认存在"青年马克思"和"老年马克思"的区分，他们认同阿尔都塞指出的"青年马克思"和"老年马克思"之间存在"认识论断裂"的论断。自治主义马克思主义虽然也同西方马克思主义类似，也选择了马克思的

① 杨乔喻：《文本解读、哲学研究和政治实践：对话安东尼奥·奈格里》，《国外理论动态》2017 年第 10 期。

文本进行解读，以其作为指导行动的理论基础。但是，自治主义马克思主义的独特之处在于，他们没有重复西方马克思主义的两种区分，而是选择了马克思于 20 世纪五六十年代所著的政治经济学手稿中的《1857—1858 年经济学手稿》（以下简称《大纲》）作为其理论核心。奈格里对《大纲》作出了极高的评价，认为它是"马克思革命思想的顶点"①。《大纲》在自治主义者们看来既不遵循马克思早期的人道主义，也不顺从资本的客体化逻辑，它是"一个确立革命主体性的文本"②，是马克思思想的政治化的体现。

在《大纲》中，关于"固定资本和社会生产力的发展"一章（也就是大家熟知的"机械论片断"）被自治主义者当作他们理论依据的重要来源。这一章在他们看来如此重要，以至于他们把它看作一部类似"圣经"式的文本。维尔诺指出："在西方，当主人公面临最具体的困境时，他们会经常引用《旧约》中的一段话。从《诗篇》或《以西结书》中取出的文本会自然流畅地滑入偶然的情境中，成为解释当下困境的有力预言……这就是卡尔·马克思的《机器上的片断》自 20 世纪 60 年代初以来如何被阅读和引用的原因。"③奈格里同样强调这一文本的重要性，他认为机械论片断"处于《大纲》中马克思理论张力的最高点。我们以前已指出过这一点。这也是逻辑结论的一个要素。无论是从阶段性的观点还是从他们长期历史决断的观点出发，此后的资本进程都通过一系列关

---

① ［意］奈格里：《〈大纲〉：超越马克思的马克思》，张梧等译，北京师范大学出版社 2011 年版，第 38 页。

② ［意］奈格里：《〈大纲〉：超越马克思的马克思》，张梧等译，北京师范大学出版社 2011 年版，第 25 页。

③ Paolo Virno, "Notes on General Intellect", in *Marxism beyond Marxism*, Saree Makdisi, et al. (ed.), New York: Routledge, 1996, p.265.

键要素而发展：一直到工人阶级的主体性成为对抗的形式。此时对抗打开了通向覆灭的道路"①。

可以说，《大纲》构成了自治主义的理论根基。在自治主义者看来，只有在《大纲》的框架内去解读马克思才是对马克思的正确解读方式，而这种政治性的解读必然赋予批判理论以实践的活力。自治主义的独特性在于，他们始终坚持工人在实践运动中的主体性地位及其自主性的能力，而远离了那些社会主义的政党或工会。这是因为，意大利的共产党或者工会组织在某种程度上已经不再以工人的利益为主，他们更加关注政党的领导地位而不是工人本身。针对这种情况，特隆蒂指出："我们的工人主义和意大利共产党的官方工人运动的真正区别在于工人概念在政治上的核心地位。"② 可见，自治主义坚持工人自身及其在政治上的主体性作用，即站在工人阶级斗争的视角强调将工人作为主体去摆脱资本控制的能力。维尔诺更加具体地阐释了二者之间的区别，"工人主义（workerism）因为不认为劳动是人类生活的决定因素，所以，它与传统马克思主义和官方劳工运动之间的关系显得有些矛盾。马克思主义分析认为劳动异化是由资本主义剥削造成的，但工人主义者却认为那更像是把生活降格到了工作的地步。矛盾的是，'工人主义者'反对工作，反对官场高举劳动尊严的社会主义伦理，他们不想去重新适应工作（'接受新的生产方式'），而是想减少工作。工会和党派关心工资和劳动条件，却不为改变工人的命运而斗争，他们充其量也只是使情况变得更令人可容忍一些罢了。工人主义者则对减少工作时间，凭借技术知识和社会化的智力做生产改造两个问题紧紧

---

① ［意］奈格里：《〈大纲〉：超越马克思的马克思》，张梧等译，北京师范大学出版社2011年版，第178页。

② Mario Tronti, "Our Operaismo", *New Left Review*, January － February, 2012.

催逼"①。

工人主义与马克思主义官方政党的斗争目的不同，在某种程度上会导致工人主义的实践斗争方式与传统基于政党作用的领导权的工人阶级运动方式的不同。传统基于政党形式的领导权理论——如葛兰西的领导权理论——进行无产阶级革命的首要目的不是解放，而是为了获得领导权，即取得除政治领导权之外的文化领导权。可以说，这种革命形式的结果只是领导权占有者的变更，而没有终结领导权所造成的统治与被统治的关系。在这种情况下，作为无产阶级只能转变自身的阶级关系，但却无法消灭阶级关系，因而无法实现解放的最终目的。相比之下，自治主义强调工人运动的自发性，这是对被领导权形式的革命所忽视的工人阶级的主体力量的重新确认，它会根据现实的变动自发转变其组织的形式从而进行持续不断的斗争。在这个意义上，意大利自治主义是对马克思主义斗争实践的进一步发展。

第二节 自治主体产生的社会历史背景

意大利自治主义所产生的实践观念与那些正统的马克思主义是不同的，自治主义所倡导的工人运动也与传统的无产阶级革命运动不同。造成这一差别的原因可以归结为马克思主义内部不同思想观点关切革命问题方式的变化，这表现了不同思想家对待革命问题所持有的不同的主观决断。而主观决断往往是依据现实的客观条件来作出的，也就是说，现

---

① ［意］保罗·维尔诺：《诸众的语法：当代生活方式的分析》，董必成译，商务印书馆2017年版，序言第1—2页。

实的客观条件的变化才是造成主观决断的不同从而导致思想差异的基础。因此，有必要深入自治主义产生所处的客观现实之中，去透析这一特定的社会历史发展阶段与自治主义的内在关联。意大利自治主义马克思主义传统虽然在 20 世纪六七十年代就已经产生了，但一方面由于其思想激进受到暴力的镇压；另一方面由于其与西方马克思主义等正统马克思主义思想之间存在较大的差异，因而一直处于主流学派的边缘地带。直到 2000 年，随着哈特和奈格里《帝国》一书的出版才使得一直站在这两位作者背后的自治主义马克思主义流派在欧美学术界受到普遍的关注。正是《帝国》一书，刻画了一个新的"全球化的政治秩序"，构成了自治主义思想在当代发展的客观现实。因此，考察当代自治主义的理论及其实践的客观条件，首先应当深入到帝国所建构的这种新的全球化的政治秩序当中。

一、全球化的政治秩序

如果说在马克思所处的时代背景下，通过无产阶级的政治革命打破国家机器就能够消灭资本主义从而实现全人类解放的目的，那么这首先就预设了一个前提，即资本主义的统治权集中于政治统治之上。葛兰西也是在承认资本统治权的基础上，指出这种统治权不仅存在于政治层面，而且已经深入到了文化层面，消灭资本主义不仅要取得政治统治权，还要取得文化统治权。因此，从无产阶级革命的层面来看，取得统治权或者说变更统治权才是革命的核心。资本的统治权在国家的地域化范围之内产生支配作用，其表现形式就是以资本的私有财产权为基础的民族国家的主权形式，也就是说，资本在一定程度上控制民族国家的主权。反过来，民族国家的主权是资本逻辑运行的保障。在这个意义上，民族国家的主权构成了资本统治权的前提，同时它也构成了无产阶级革命所必须要面对的现实境遇。

　　事实上，民族国家的主权形式是一种帝国主义统治下的主权形式。在 20 世纪的多数时间内，马克思主义理论的批判领域主要集中于对帝国主义的批判之上。对于帝国主义这一概念本身来说，它代表了一种主权权力，表达的是一种地域化的、有边界的划分。在古典帝国主义时期，它是民族国家超越自身国家疆域的边界，通过暴力和血腥的战争来强行瓜分和占有领土或者统治原本归属地的属民。显然，这是一种殖民主义的统治方式，"殖民主义，就其最好的意义而论，是民族性的自然外溢。殖民者将自身所代表的文明移植到新的自然和社会环境中"①，从而实现一种政治权力的扩张。而当代的帝国主义与古典帝国主义是有一定区分的，这是因为，当代的帝国主义主要是为了资本发展而实行的一种帝国主义的政治权力形式，它不再仅仅是为了政治权力的扩张，而是变成了一种以"聚敛财富为目的的军事专制暴政"②。在马克思主义学者对帝国主义的研究中，帝国主义就是与资本主义的发展联结在一起的，资本主义在早期发展并扩张其自身所采取的就是帝国主义的政治形式。在这个意义上，资本主义的扩张和帝国主义的扩张在某种程度上是同步的。具体来说，资本扩张的目的就是力图实现自身的无限增值，从而不断地超越自身的界限。在这一过程中，当资本超越民族国家疆域的界限去向外扩张时，就是以民族国家主权的政治和军事强力为依托去进行的扩张，从而实现资本走出民族国家、走向世界市场的趋势。因此，

---

①　[英] 约翰·阿特金森·霍布森：《帝国主义》，卢刚译，商务印书馆 2017 年版，第 7 页。

②　[美] 埃伦·M.伍德：《资本的帝国》，王恒杰、宋兴无译，上海译文出版社 2006 年版，平装本序第 2 页。

在资本的帝国主义扩张时期，反抗资本主义的革命就是要消灭基于民族国家的帝国主义主权对资本的保障，这正是马克思主义的批判主要集中在帝国主义之上的原因。

然而，在当代资本主义全球化背景下，资本在地域上已经超越了民族国家的限制，完成了其向外界扩张的目标，其所涉及的现实境遇已经完全改变。哈特和奈格里发现了这种变化，并且勾勒了一副资本统治的新的全球化的政治秩序。他们指出，当代资本主义所依赖主权形式已经不再是民族国家的主权，而是一种以资本全球化为基础的帝国式的主权形式。"帝国正在我们的眼前物质化。在过去的几十年中，当殖民制度已被舍弃，苏联对资本主义世界的市场的障碍最终坍塌，我们已经见证了经济和文化方面交流的不可抗拒、不可扭转的全球化。伴随全球市场和生产的全球流水线的形成，全球化的秩序、一种新的规则的逻辑和结构，简单地说，一种新的主权形式正在出现。帝国是一个政治主体，它有效地控制着这些全球交流，它是统治世界的最高权力。"[1] 主权形式的变化为无产阶级革命提供了新的客观现实境遇，由此，辨析从民族国家的主权形式到帝国式的主权形式发生了何种转变，是认识引发革命运动趋势变化因素的前提。

在帝国主义和帝国这两个不同的时期，资本所处的状态及其所发挥的作用是不同的。在资本的帝国主义时期，资本呈现为一种对外的扩张状态。这时，资本在帝国主义主权的维护下，通过吸收一切外在于其自身的资源来壮大自身。而当资本扩张到全球范围时，已经没有什么资源可以被资本视作外在的资源了，与资本有关的资源都变成了内在于资本

---

① ［美］麦克尔·哈特、［意］安东尼奥·奈格里：《帝国——全球化的政治秩序》，杨建国、范一亭译，江苏人民出版社 2008 年版，序言第 1 页。

的资源，一切都存在于全球化资本之中。这时，资本就在其自身之中运动，并产生了能够维护其自身运行的体系结构。在这一阶段，"资本运作所依靠的规则并不是凌驾于资本之上且从高处指导资本运作的独立和固定的规则，而是内在于资本自身运作的具有历史性变化的规则：利润率的规则，剥削率的规则，实现剩余价值的规则等等"①。在这样的资本规则作用下，民族国家、大企业、跨国的经济和政治机构、各种各样的非政府组织、媒体，以及一系列的其他权力进行广泛的协作，形成的一种超国家的政治力量的关系网权力模式，就是哈特和奈格里所说的帝国式的主权形式。帝国这一全球统治秩序一方面表达了资本统治范围的扩大和程度的加深，它不仅遍及世界的每个角落而且还使自身成为统治世界的最高权力；另一方面资本的全球化也带来了世界范围内的新的联结的可能性。而这种新的联结之所以可能，是由于"帝国式主权的最根本特点在于：它的空间永远是开放的"②。这一新主权在扩张途中总是能放开自身，将它所遇到的其他力量纳入自身的网络结构中，从而不断地更新并巩固着自身。这与帝国主义式的扩张是严格区分的。因为帝国主义在扩张过程中总是基于自身的主权权力并排斥外在的力量，并且它倾向以自身的同一化标准来规定并改变外在的力量。而帝国则往往能够将外在的差异化力量融合于自身当中，通过区分差异并控制差异的过程来充实自身。

总的来说，"通往帝国之路出现在现代帝国主义的衰落之时。与帝国主义相比，帝国不建立权力的中心，不依赖固定的疆界和界限。它

---

① ［美］麦克尔·哈特、［意］安东尼奥·奈格里：《帝国——全球化的政治秩序》，杨建国、范一亭译，江苏人民出版社 2008 年版，第 316 页。

② ［美］麦克尔·哈特、［意］安东尼奥·奈格里：《帝国——全球化的政治秩序》，杨建国、范一亭译，江苏人民出版社 2008 年版，第 165 页。

是一个无中心、无疆界的统治机器。在其开放的、扩展的边界当中，这一统治机器不断加强对整个全球领域的统合。帝国通过指挥的调节网络管理着混合的身份、富有弹性的等级制和多元的交流。帝国主义的世界地图明显的民族——国家色彩，已经被合并、混合在帝国全球的彩虹中"①。在帝国这一背景下，如果依照传统的反抗资本主义的革命集中于夺取统治权的目标来看，当代的革命趋势就不能再局限于仅仅夺取各个民族国家的主权之上，而是要去夺取资本全球化的帝国式主权。在这种情况下，如果继续沉浸于这些关于帝国主义主权，以及基于这种主权形式所形成的革命形式之上，毫无疑问，由此产生的革命策略是滞后的。因为我们无法想象当代一个无权力中心的、无政府的资本统治形式如何能够通过一种暴力的革命模式来粉碎。那么，反抗帝国主权何以可能，这首先需要认识到帝国主权产生的前提，即它是如何形成的。从这一基础出发，才能继续探索构成反抗帝国主权的革命的新形式。

二、后工业时代的大都市生产

帝国超越了民族国家的界限，呈现为一种新主权形式的政治秩序，这是一种基于全球资本统治而产生的政治权力。而作为资本统治所遵循的最本质的原则是其生产的原则，这样，资本的经济统治原则必然与维护资本的政治权力相关联。马克思用经济基础决定上层建筑说明了这种关联。因此，为了更进一步理解帝国这一新的政治秩序及其内部的变革因素，不仅要认识从帝国主义到帝国这一秩序变化的现象，还要充分说

---

① ［美］麦克尔·哈特、［意］安东尼奥·奈格里:《帝国——全球化的政治秩序》，杨建国、范一亭译，江苏人民出版社 2008 年版，序言第 2—3 页。

明与这一政治秩序相关的生产环境的转变。只有清晰地认识到当前帝国时代原本作为反抗的工人阶级群体所处的经济生产环境，才能从根本上理解这些原本的革命主体当下的生存和生活基础，才能更准确地理解新的秩序下反抗资本主义的可能。

哈特和奈格里指出，自从中世纪以来，经济发展经过了三种范式的转换，"在第一个范式中，农业与原材料的开采是经济的主体；第二个范式中，工业与可持续商品的生产占据着优势地位，在第三个即目前的范式中，提供服务和掌控信息，则是经济生产的核心。统治地位就这样由基础产业转到第二产业再到第三产业"①。前两种经济范式的转换是从农业到工业，其中，工业化是一种现代化发展，因而这一转换代表一种经济的现代化过程。在这一现代化进程中，工厂逐渐代替了农场，由此也产生了一系列工厂的纪律、生产的技术以及工人与资本家的关系。而第二种经济范式向第三种经济范式的转换则是从现代化工业经济转向了以服务和信息为主的后现代化经济。这一后现代化进程的"普遍特点在于以知识、信息、感情和交际为主角。在这个意义上许多人称后工业经济为一种信息化的经济"②。

关于后工业或后工业社会的说法，是由丹尼尔·贝尔提出的。他在 1959 年的一次学术讨论会上首次使用"后工业社会"这一名称，以此来表明正处于历史动荡之中的西方社会结构的变化，即现有的阶级关系、权力结构和文化价值等社会关系的巨大变革。贝尔指出："'后工业的'概念与'前工业的'和'工业的'概念是对应的。前工业部门主要

---

① [美] 麦克尔·哈特、[意] 安东尼奥·奈格里：《帝国——全球化的政治秩序》，杨建国、范一亭译，江苏人民出版社 2008 年版，第 274 页。

② [美] 麦克尔·哈特、[意] 安东尼奥·奈格里：《帝国——全球化的政治秩序》，杨建国、范一亭译，江苏人民出版社 2008 年版，第 279 页。

是资源采撷的，它的经济是以农业、矿业、林业，以及天然气或石油等其他资源为基础的。工业部门主要是使用能源和机器技术从事制造商品的。后工业部门从事加工处理，其中电讯和电脑对于信息和知识的交流极其重要。"[1]可见，贝尔与哈特和奈格里对经济发展的不同阶段存在着几乎相同的划分。而对于当下的后工业社会，他们都强调这种"后工业"在于知识技术方面的主要影响。也就是说，如果工业社会以机器技术为基础，后工业社会则是由知识技术形成的；如果资本与劳动是工业社会的主要结构特征，那么信息和知识则是后工业社会的主要结构特征。在这个意义上，从工业社会到后工业社会的发展不仅外在的表现为从商品到服务的经济形态的变化，更重要的是，它透露出经济因素在知识和技术等方面的突出的发展趋势。

后工业社会不仅是一种技术层面的经济进步，它还代表社会的一种新的组织方式。在这种新的组织方式之下，当代的阶级和阶层关系都发生了明显的变化，马克思所划分的资产阶级和无产阶级之间阶级关系的二元对立结构在后工业社会已经不再适用了，当前出现了诸如中间阶级、中间阶层、新工人阶级等不同划分形式。可以说，"今天，现代社会中的主要分野并不在生产资料所有者和毫无差别的'无产阶级'之间，而在各种政治、经济和社会组织中有决策权和无决策权的人们之间，官僚科层体制和权威的关系"[2]。

后工业社会概念对经济发展的描述阐明了这一时期社会产业结构的变化趋势，而这一变化趋势在一定程度上决定着经济生产环境的变

---

① [美] 丹尼尔·贝尔：《后工业社会的来临》，高铦等译，新华出版社 1997 年版，前言第 8—9 页。

② [美] 丹尼尔·贝尔：《后工业社会的来临》，高铦等译，新华出版社 1997 年版，第 132 页。

化。现代化的工业发展时期就是马克思研究视域下的资本主义的工业化大生产时期，在这一时期，工厂是工业生产的主要场所。工厂虽然只是一种对劳动场所的定义，但如果从马克思批判的视角出发，可以发现其中蕴含着三层关系：首先，工厂不仅是进行物质生产的环境，而且是资本剥削工人创造剩余价值的场所，马克思曾指出，剩余价值的形成是在生产领域中，因而也就是在工厂的生产环境中。而在工厂之外，工人未被资本家雇佣，因而也不存在工人的被剥削情况。在这个意义上，工厂是资本家与工人之间的剥削关系的诞生地。其次，工厂不同于劳动力分散的手工作坊，它明确了劳动过程中的具体分工，从而使工人们按照一定的组织形式进行共同的生产，由此造就了工人的普遍聚集以及一定程度上的生产联合。最后，由于在工厂的生产过程中工人阶级被资本家阶级剥削，并且通过生产关系具有一定的组织形式，因而在某种程度上也造就了工人们进行联合反抗的条件。马克思虽然没有直接提及资本主义工厂所代表的重要意义，但是不可否认，工厂的生产环境以及工厂制度是马克思所处时代资本主义的标志性特征，可以说，正是在工厂这一资本主义的经济生产环境中才形成了资本家和工人之间的剥削和矛盾对立关系，它构成了作为革命者的工人阶级及其革命的现实背景。

工厂能够代替小作坊，关键在于工厂的生产环境代表了工业化大生产时期资本主义所带来的更高的生产力。然而，这种生产力的提升并不是永恒的，在资本主义发展到一定阶段时期，产品生产过程中的积累过剩问题、产品的社会需求降低问题、资本家与工人之间关于工作过程控制权的斗争加剧等问题共同构成了生产力发展的桎梏，由此需要新的生产形式来继续提升生产力，以满足资本增值的目的。从工业社会向后工业社会的发展趋势中展现出的知识和技术等信息化的变革成为改变生产方式从而促进生产力发展的动力源泉。"当今的现实确实是：剥削的过程将主要发生在生产力创新当中，这凸显了科学和技术中创新的重要性并且直接体现在知识创新的生产过程中。另外，正像马克思所阐明的那样，这种生产知识是一种社会合作，而且更重要的是，将这种把所有力量综合在一起的持续更新用于改变自然以及创造新的生活方式的社会运动当中。"① 可见，如今生产力提升的手段来源于科学技术等知识的创新过程，由此代表资本的剥削从工厂中的工人劳动力价值转移到了劳动者的知识创新之上。

劳动者运用知识的创造性活动主要存在于工厂之外的当代社会生活之中。因为在现代化工厂体制中，劳动者只是作为机器体系的环节出现在劳动过程之内，这时劳动者付出的是一种同一的劳动，是一种在劳动的量上定义的劳动力。这种劳动力与马克思所理解的劳动力概念不同，"我们把劳动力或劳动能力，理解为一个人的身体即活的人体中存在的、每当他生产某种使用价值时就运用的体力和智力的总和"②。可见，马克思所指的劳动力概念是劳动者所进行的自由自在创造性活动。但资本在其工厂体制的生产过程中却忽视了这种劳动的创造性本质，它把马克思意义上作为"体力和智力总和"的劳动力仅仅变成以劳动时间来衡量的量化的劳动力，把活生生的劳动行为变成了一种死气沉沉的劳动量。"资本是死劳动，它像吸血鬼一样，只有吮吸活劳动才有生命，吮吸的活劳动越多，它的生命就越旺盛。工人劳动的时间就是资本家消费他所购买的劳动力的时间。"③ 显而易见，这种资本的工厂体制无法发挥

---

① [意] 奈格里：《〈大纲〉：超越马克思的马克思》，张梧等译，北京师范大学出版社 2011 年版，中文版序第 2 页。

② 《马克思恩格斯文集》第 5 卷，人民出版社 2009 年版，第 195 页。

③ 《马克思恩格斯文集》第 5 卷，人民出版社 2009 年版，第 269—270 页。

人的劳动的创造性本质。因此，只有脱离资本的工厂体制才能有助于劳动者运用知识进行创造性的活动。

　　工厂并不是独立于社会空间存在的，工厂普遍存在于社会化的城市当中。之前的城市总是存在着某些生产，如手工劳动和制造业，但是资本主义的工厂转移了生产的经济霸权。尽管工厂位于城市之内，但工厂通过树立高墙将工人同外界社会隔离开来，因而其与后者依然是分离的。产业工人阶级在工厂进行生产，在生产过程之外才能穿过高墙，进入城市，开始其他生命活动。然而在今天资本主义经济全球化的带动下，原本以工厂生产为主的工业城市现在已经创造了经济发展的多样化模式，经济生产的空间和城市的空间已经开始重叠，不再有工厂的高墙来隔离彼此，生产行为越过了工厂的高墙，渗透到整个城市当中。工人在城市的各个角落中进行生产，这些生产行为的性质和潜能在此过程中都得到了根本性改变。[1] 这时的城市从仅仅进行单一工业化生产的城市，变成了集工业生产与多元化的社会生活生产于一体的大都市。

　　基于大都市的生产显然扩大了原本工业城市生产的范畴，劳动者不再仅仅从事机械化的资本生产，而是进入了社会生活的生产当中。劳动者的社会生活生产显然不同于工厂中的雇佣劳动生产，它在原本的产业生产之外创造了新的价值形式。事实上，大都市是劳动力特征发生划时代转变的地方，也是发展与反抗相互融合的场所。在这里，劳动以一种网络的形式活动。而由劳动创造的价值也不只凸显为交换价值意义，价值的创造性也可以看成一个认知的过程。在这个意义上，大都市造成了

---

[1]　参见 [美] 迈克尔·哈特、[意] 安东尼奥·奈格里：《大同世界》，王行坤译，中国人民大学出版社 2016 年版，第 176—177 页。

一定的生产方式的变革，因而在某种程度上改变了原本生产关系，促进了资本主义生产力的发展，从而使资本主义社会向更高的层次迈进。大都市在促进资本主义进步的同时，依然遵循着资本主义的秩序。从词源学上看，"在古希腊语中，大都市（metropolis）就是统治和控制殖民地的'母城/邦'（mother city）。这也是这个词的法语形式在帝国主义时期的意义：母邦法国即是位于欧洲的法国领土，从而与法国在非洲、亚洲、太平洋和加勒比地区的殖民地区分开来。今天，'大都市'依然具有等级制的意味，但是其地理因素有所改变，且变得更加复杂"①。资本在工厂的生产过程中生产着资本家与工人的两极对立，生产着工人阶级的被剥削及其反动形式。"大都市正如工厂一样，是等级制与剥削、暴力与磨难、恐惧与痛苦的场所。对一代代的工人来说，工厂就是他们身体受损、躯体被工业化学物质毒害、生命被危险机器扼杀的地方。大都市也是一个危险和有害的地方，对穷人来说尤其如此。但是正因为如此，大都市也像工厂一样，是对抗和造反的场所。"② 在这个意义上，寻求当代变革资本主义的道路，以及革命的可能性必须以大都市这种复杂的社会经济政治结构中，它构造了新的资本主义环境与新的革命条件和革命主体的关系。

三、后现代主义的多元化认同形式

马克思从经济基础和上层建筑的辩证运动关系来解释资产阶级革命及其内在因素，由此被一些学者称为"经济决定论"。葛兰西则把革命

---

① ［美］迈克尔·哈特、［意］安东尼奥·奈格里：《大同世界》，王行坤译，中国人民大学出版社 2016 年版，第 180 页。

② ［美］迈克尔·哈特、［意］安东尼奥·奈格里：《大同世界》，王行坤译，中国人民大学出版社 2016 年版，第 182 页。

的问题引到文化的领导权之上，因为他看到了文化和意识形态等形式对社会变革问题的影响。在葛兰西之后的西方马克思主义学者也都把问题的焦点集中到了文化批判之上，以此来寻求变革资本主义社会的道路，由此显示出了文化形态对于社会变革的重要作用。当代资本帝国的全球化统治和基于后工业社会的大都市生产，创造了文化的多元性和世界性的融合，这种文化形态的转变无疑开启了一系列相关的社会问题的思考，如殖民主义、种族主义、性别主义等问题。这些与人密切相关的社会属性的变化必然会在一定程度上影响当代进行社会生活生产的人及其行为，从而影响当下的人的生存方式。在这个意义上，探讨新的文化形态以及它变化的内在因素，不仅可以为全面认识当代人的社会生活提供客观基础，而且也构成了理解人的社会行为及其意向的可能性的前提。这对于发现当代资本主义社会环境下的新革命主体并分析其可能的革命方式具有重要意义。

资本主义的全球化不仅是经济的全球化，同样是文化的全球化。它指的是原本不同的文化要素穿越了民族国家和地域的界限，在全球范围内传播。由此，当前全球文化的形态表现为多元化的差异共存或融合。在这种文化的新形态中，一些诸如种族主义、性别主义等原本基于地域或生理差异而造成的不一致或不平等的差异，在多元性文化的普遍趋势下融合在了一起，共同构成了全球性的文化形态。然而，这种文化多元性和差异融合的形式只表达了当代的文化表象，却没有直达这种文化形态变化的本质，即这种全球性的文化是如何以及为何会演变为这种形式。而探讨文化演变的过程以及造成这种演变内在因素才是文化形态理论研究的根本。如此来看，全球化的文化形态不能仅仅简单地陈述其当下的特性，而应当追溯其历史根源。詹明信指出，这是因为"任何个别的、孤立的文化分析都无法逃离历史，都必定能够在历史分期的论述里得到诠释"①。在这个意义上，当代的文化形态是历史的产物，是历史与当下的结合。正如汤普森所言，从最广泛的意义上说，对文化现象的研究可以视为对作为有意义领域的社会——历史领域的研究。它可以视为处于社会——历史领域中的人们生产、构建和接受各种有意义表述的方式的研究。这样来看的话，文化的概念有它自身的漫长的历史，今天它传达的意思在某种程度上就是这一历史的产物。②

既然当代的文化是历史的产物，那么这种文化形态的变革就是受历史的某些内在因素推动的。那么何种因素是这种文化形态变革的动力？詹明信指出，后现代主义构成了当代资本主义文化的主导力量。后现代主义并不是一种文化的风格，而是一种文化的主导形式，"只有透过'文化主导'的概念来掌握后现代主义，才能更全面地了解这个历史时期的总体文化特质。有了'文化主导'这个论述观念，我们才可以把一连串非主导的、从属的、有异于主流的文化面貌聚合起来，从而在一个更能兼容并收的架构里讨论问题"③。如果缺乏对文化的主导形式的考察，就很容易把文化多元性这种简单的表象看成文化差异的随机演变，并以这种对文化表象的认识来把握现阶段的历史状况，从而造成对历史的曲解。只有从不同历史时期文化的主导形式的差别之中来解释文化及其发展的历史，才是对历史的文化的正确认识。而后现代文化的特征源自一个从现代主义到后现代主义的演变过程，也可

---

① ［美］詹明信：《晚期资本主义的文化逻辑》，陈清侨等译，生活·读书·新知三联书店 1997 年版，第 427 页。

② 参见［英］约翰·B.汤普森：《意识形态与现代文化》，高铦等译，译林出版社 2005 年版，第 135 页。

③ ［美］詹明信：《晚期资本主义的文化逻辑》，陈清侨等译，生活·读书·新知三联书店 1997 年版，第 427 页。

以说，是后现代主义对现代主义的超越过程。正是这个超越的过程构成了指引文化形态变迁的根本。那么后现代主义这种文化的主导形式在何种意义上超越了原本现代主义的主导形式，从而使文化形态发生了变革？

后现代主义既来源于现代主义，同时又是对现代主义的批判和解构。从西方哲学史传统的发展来看，后现代主义表达了对代表西方传统哲学的本质主义、还原主义、逻各斯中心主义等说法的思维方式的批判和解构。若要全面了解后现代话语的批判能力，首先应该关注其批判的对象，即现代主义的传统。"现代主义（在现代性意义上讲）的修辞学危险是，它假定所有的文化都是可以重建的，在资本主义或国家形成过程的推动下，'一切坚固皆化为烟云'。"① 现代主义将原本不同地域的所属文化建构成其规定的样式，从而建构了一种全球性的同一性和同质化的规则。从这种现代主义统治传统划定的规则出发，世界呈现为一种二元论的世界，它表现为一系列的二元对立：统治者和被统治者、殖民者和被殖民者、有产阶级和无产阶级等。后现代主义思想所批判的正是这种现代主义所呈现的二元论逻辑及其背后所遵循的那种本质主义的同一性原则。"在后现代理论中，我们文化中的混杂性、含混性和我们的从属感中的流动性似乎向支持现代殖民主义、性别主义、种族主义话语的二分逻辑发出挑战，同样，后现代主义者坚持的差异和具体也挑战着极权主义、统一化话语和权力结构。"② 殖民主义、性别主义、种族主义等都是以地域上或生理上的差异造成了人不平等的关系——一种等级制的

① ［英］迈克·费瑟斯通：《消费文化与后现代主义》，刘精明译，译林出版社2000年版，第211页。
② ［美］麦克尔·哈特、［意］安东尼奥·奈格里：《帝国——全球化的政治秩序》，杨建国、范一亭译，江苏人民出版社2008年版，第140页。

关系。而后现代所代表的批判理论从根本上反对这种原生的本质论，坚持这些差异是由社会的、文化的力量所形成的，从而用一种非决定性的社会和文化构成的观点来把人从生理的决定论中解放出来。而这种由社会和文化因素导致的差异在全球化的视野下是平等的。在这个意义上，后现代主义为那些同殖民主义、性别主义、种族主义作斗争的人提供了重要的理论资源。由此可见，后现代主义批判现代主义，这不仅为超越现代性的困境，而且在某种程度上为革命的解放问题提供了一定的思维方式的基础。

虽然后现代思维在某种程度上为我们指明了批判和解构现代性困境的方向以及寻找新的道路的可能性。但这并不代表由后现代主义主导的文化形态就是变革资本主义的社会力量。事实上，后现代主义超越了现代性的等级制度，但它又构建了一套新的等级制度。以从现代到后现代的种族主义观念为例，虽然文化的差异已经代替了生理上的差异成为种族主义的新的基础，但是在当前的帝国式主权统治下，"不同文化的流动性和兼容性也有着严格的限制。分析到最后，不同文化和传统间的差异是不可逾越的"①。后现代的帝国式主权对这一过程的把控形式可以由三个阶段构成："首先是包容阶段，紧随其后是区别阶段，最后是操控阶段。"② 显然，在包容阶段，这种后现代话语所具有的开放性和纳入性就超越了传统现代话语所设置的界限。因为在这个阶段，后现代的帝国对一切的文化差异都视而不见，把它们不作任何区别地吸收到自己的统治之下，并将它们融合在一起，从而表现出一种文化多元性的趋势。在

---

① 〔美〕麦克尔·哈特、〔意〕安东尼奥·奈格里:《帝国——全球化的政治秩序》，杨建国、范一亭译，江苏人民出版社 2008 年版，第 188 页。
② 〔美〕麦克尔·哈特、〔意〕安东尼奥·奈格里:《帝国——全球化的政治秩序》，杨建国、范一亭译，江苏人民出版社 2008 年版，第 193 页。

区别阶段，之前被接纳的差异性文化受到了普遍的肯定。而在第三个阶段，帝国则开始对这些差异进行操控，因为帝国的繁荣就是借助这种差异的流动和混合而达成的。可见，后现代的差异文化在帝国主权的统治之下仍然没有摆脱被操控和利用的命运。在这个意义上，虽然后现代主导的文化形态在一定程度上能够超越现代主义的界限，从而为通往解放的道路提供了某种可能的基础。但事实上，这种文化形态最终还是成为帝国主权统治所借用的工具。这时，后现代的文化不再表现为现代性意义上的资本对立，而是真实地反映了资本帝国中资本逻辑统治的新形式。由此，哈特和奈格里将批判导向了后现代主义，他们指出"尽管后现代主义者有着最良好的意愿，可他们的差异性政治不仅没有效果，而且更有可能同帝国统治沦为同路，成为其功能和实践的支持者"①。然而，"哈特和奈格里并不是简单地否定后现代文化思潮，而是想引导人们正确认识与资本主义后工业文明同体发展起来的资本帝国的隐性观念构境。在他们看来，后现代思潮所鼓吹的碎片化和去中心论是资本的帝国统治的客观状态"②。在这个意义上，当代的资本主义批判及其之后的变革道路与其说是基于对后现代文化所反对的现代性的资本逻辑批判，不如说是对后现代文化本身呈现的帝国式主权形式下的资本逻辑的批判。后现代主义为我们今天的文化带来了全新的形式，它使资本主义进入了一个全新的社会，从而开启了资本逻辑统治的新的里程。然而，后现代文化所代表的"差异、混成和流动本身不具备解放性，可真相、纯净和静止亦是如此。具有真正革命性的实践必须提及生产。真相不会让

---

① ［美］麦克尔·哈特、［意］安东尼奥·奈格里：《帝国——全球化的政治秩序》，杨建国、范一亭译，江苏人民出版社 2008 年版，第 143 页。

② 张一兵：《后现代文化与资本帝国的全球统治——奈格里、哈特〈帝国〉解读》，《文学评论》2018 年第 5 期。

我们自由，可控制真相的生产却能做到"①。因此，寻求能够变革当前帝
国时代的资本主义的具体方式，需要我们超越社会的背景，深入实际的
生产当中。

---

① 〔美〕麦克尔·哈特、〔意〕安东尼奥·奈格里:《帝国——全球化的政治秩序》，杨
建国、范一亭译，江苏人民出版社 2008 年版，第 155 页。

第二章　自治主体的内在性建构

　　20 世纪六七十年代产生的自治主义在一定程度上发展了马克思的实践观念，它阐释出一种新的革命运动的实践方式——工人自治运动，为当代资本主义社会的变革提供了新的方向。工人的自治运动不仅源于工人革命实践的内在需要，而且是历史发展到一定阶段的产物。随着全球化时代的到来，新的全球秩序在进行统治形式变革的同时，也带来了人在世界范围内的普遍联系，促进了世界范围内反抗资本主义的工人的沟通和交流，为工人的自治运动提供了客观的社会基础。在这种新的客观环境之下，随着生产进入社会生活，原本作为革命主体的无产者的范围已经超越了工厂。与此同时，工人在其内部也出现了分化的迹象。由此，在某种程度上，工人这一概念已经不足以代表当前这一社会环境下的革命主体。那么当下进行自治运动的自治主体的承担者是谁？这种自治主体的运动如何能够在新的社会历史背景下展现出它变革资本主义社会的本质？这是认识当下资本主义社会可能出现的新的社会变革方式所必须要澄清的问题。这不仅涉及在理论上回答自治主体产生的可能性问题，而且关涉现实的自治主体运动形式的社会实践问题。具体来说，要追问当代的自治主体的实践运动何以可能，首先，要追问自治主体本身何以可能，也就是确认自治主体产生的可能性前提；其次，要追问究竟是谁成了自治主体的现实承担者，这一承担者具有什么样的特性；最后，要追问自治主体的内在本质是什么，它在何种意义上具有联合起来并对抗资本主义的能力？只有通过这样一系列的追问才能清晰地认识到自治主体的实践运动的可能性。

第一节　自治主体概念的理论前提

在马克思的阶级革命理论中，无产阶级是革命的主体，是阶级革命的承担者。而无产阶级及其革命运动是马克思从资本主义生产关系及其矛盾运动的客观规律中得出必然结果，由此马克思才把解放无产阶级定为革命的目标。同样地，在意大利自治主义的传统中，自治主义的理论家们提出了以自治主体作为革命运动的承担者，那么接下来首先就是要证实这种自治主体在理论上如何能够产生，即自治主体何以可能的问题。虽然关于自治主体的问题早在20世纪六七十年代就已经提出了，但在21世纪初哈特和奈格里的《帝国》中所描述的当代资本主义的全球化秩序才为自治主体的产生提供了成熟的客观基础。然而，无论是当代政治秩序、经济环境还是文化形态，都只是构成自治主体产生的外在的客观条件，却不是构成自治主体这一概念产生的内在根源。那么到底什么构成了自治主体产生的内在理论根据？这需要我们对自治主体产生的前提进行追问。

一、自治主体的生产前提

意大利革命的现实需要催生了自治主体的产生，而无论何种现实都是基于一定社会生产关系的现实。因此，追溯自治主体产生的前提，首先就是要澄清其与特定社会生产关系的内在关联以及这种关联的发展逻辑。在意大利自治主义者对革命思想和道路的探寻过程中，马克思的《1857—1858 年经济学手稿》（以下简称《大纲》）无疑是具有奠基性作用的文本，奈格里评价《大纲》"是马克思的理论和政治思想发展的核心"①，"是马克思思想中具有能动性的中心"②。而在这样一个重要的文本中，关于"机械论片断"的章节则被奈格里誉为"我们在《大纲》中，也可能是马克思所有著作中所能找到的运用矛盾而且建构辩证法的最高级例子"③。在奈格里的阐释中，这一片断蕴含着资本与劳动在生产关系上的分离从而导致自治主体形成的秘密。在这个意义上，反思自治主体的生产前提需要揭示这一秘密发展的内在逻辑。

从《1844 年经济学哲学手稿》开始，一直到"机械论片断"之前，资本与劳动的关系总是表现为由不变资本和可变资本组成的有机关系。然而在这种有机的结构内部，这两者的关系却始终是"外在的"。之所以是"外在的"，是因为资本在生产过程中总是吸纳外在于资本创造出的劳动行为，或者从另一个角度来看，劳动行为只是在形式上从属于资

---

① ［意］奈格里：《〈大纲〉：超越马克思的马克思》，张梧等译，北京师范大学出版社 2011 年版，中文版序第 3 页。

② ［意］奈格里：《〈大纲〉：超越马克思的马克思》，张梧等译，北京师范大学出版社 2011 年版，第 17 页。

③ ［意］奈格里：《〈大纲〉：超越马克思的马克思》，张梧等译，北京师范大学出版社 2011 年版，第 178 页。

本。具体来说，生产过程一方面表现为活劳动利用资本提供的材料和工具去创造价值，另一方面表现为劳动创造的剩余价值被资本无偿占有。资本虽然可以在组织形式上宏观地控制整个劳动过程并占有劳动成果，好像劳动是在资本的控制之内进行的，但事实上，它却不能决定具体的劳动行为，这种创造性的行为在内容上只能来源于个体劳动者自身，因此劳动对资本的从属只能是外在的、形式上的。奈格里指出，这种"同时处于资本内部和外部的现象"①就构成了马克思所谓的资本对劳动关系的"形式吸纳"。

但是到了"机械论片断"，马克思指出的这种"形式吸纳"的关系结构发生了改变。活劳动被嵌入机器体系当中，这种机器体系"是由自动机，由一种自行运转的动力所推动的。这种自动机是由许多机械器官和智能器官组成的"②。在自动的机器体系运转内部，与之前相比，重要的转变发生了——工人与机器的关系发生了颠倒。在以往的生产过程中，工人通过自己的技能和活动赋予工具以灵魂，掌握工具的能力取决于工人的技艺，而机器只是作为活劳动的劳动对象，是劳动改变物质形态的工具和手段，是劳动与自然之间的中介。但是在机器体系的生产过程中，一切都发生了颠倒，原本作为对象化资料和工具存在的机器，现在"无论在哪一方面都不表现为单个工人的劳动资料。机器的特征绝不是像［单个工人的］劳动资料那样，在工人的活劳动作用于劳动对象方面起中介作用；相反地，工人的活动表现为：它只是在机器的运转，机器作用于原材料方面起中介作用"③。相比之前工

---

① ［美］迈克尔·哈特、［意］安东尼奥·奈格里：《大同世界》，王行坤译，中国人民大学出版社2016年版，第164页。
② 《马克思恩格斯全集》第31卷，人民出版社1998年版，第90页。
③ 《马克思恩格斯全集》第31卷，人民出版社1998年版，第90—91页。

人掌控机器的情况，现在则是机器代替工人具有技能和力量，机器通过运转和调节，使工人活动变为那种只限于一种单纯的抽象活动的工人活动。在这一过程中，"科学通过机器的构造驱使那些没有生命的机器肢体有目的地作为自动机来运转，这种科学并不存在于工人的意识中，而是作为异己的力量，作为机器本身的力量，通过机器对工人发生作用"①。

　　可见，在机器体系中，作为个体的工人已经不能决定自己的实际劳动，而只能存在于机器支配下的抽象劳动的生产之中。因此，从劳动作为支配生产过程的统一体而囊括生产过程这种意义来说，生产过程已不再是这种意义上的劳动过程了。相反，劳动仅仅以单个的有生命的工人的形式被包括在机器体系本身的总过程中，劳动自身成为这个体系里的一个环节，转变为机器运转的手段。总之，"劳动过程便只是作为资本价值增殖过程的一个环节而被包括进来。"② 这时，劳动以与之前不同的形式完全内在于资本的控制之中。奈格里指出，"当资本创造出不再属于非资本主义形式而是真正的资本主义性质的新劳动过程时，这种吸纳就变为实质的。对马克思来说，在工厂内部生产出来的工业劳动形式是实质吸纳的典型"③。因此，机器体系实现了资本对劳动之间关系的从"形式吸纳"到"实质吸纳"的转变，这一过程的结果就是，资本全面地控制了整个生产过程。

　　这一机器体系之所以能够为资本立下汗马功劳，其产生和发展之所以是可能的，在于它有一个不可忽视的内在优势，那就是它们能够创造

① 《马克思恩格斯全集》第 31 卷，人民出版社 1998 年版，第 91 页。
② 参见《马克思恩格斯全集》第 31 卷，人民出版社 1998 年版，第 91—92 页。
③ ［美］迈克尔·哈特、［意］安东尼奥·奈格里：《大同世界》，王行坤译，中国人民大学出版社 2016 年版，第 164 页。

出比以往更高的生产力，拥有着巨大的生产效率。马克思认为，这种巨大的效率"取决于科学的一般水平和技术进步，或者说取决于这种科学在生产上的应用"①，而科技的进步又源于知识或一般智力的积累发展。因此，先进的科技在机器体系中的运用就把作为创造性来源的知识与作为掌控者的资本联系了起来。针对这样的关系，马克思指出，"知识和技能的积累，社会智力的一般生产力的积累，就同劳动相对立而被吸收在资本当中，从而表现为资本的属性，更明确地说，表现为固定资本的属性"②，从而被裹挟到了资本的生产之中。由此，在马克思的话语体系中，知识或一般智力就成为使资本朝向更高层次发展的新的内在因素。而这种发展因为带来了生产力的提升以及生产力与生产关系向更高层次的变革，因而是社会运动及其发展的必然趋势。可见，马克思的机械论片断揭示了知识或一般智力被纳入资本之后形成的资本完全统治劳动过程的逻辑。

然而，知识或一般智力的发展同时也带来了直接的创造者和使用者的进步。意大利思想家拉扎拉托指出，知识和技术的创造与使用表现在"非物质劳动"的概念中，"非物质劳动包括一系列活动，这些活动不再是一般意义上的'工作'，换句话说，这类活动包括界定和确定文化与艺术标准、时尚、品味、消费指针以及更具有策略性的公众舆论等不同信息项目的活动。这类活动曾是资产阶级及其后代的特权领域，而从1970年代末开始转变成我们界定为'大众智能'的领域。在这些战略层面上的深刻变革已经不只是从根本上改变了生产力——生产组织——的组成、管理与调控，而且也更深入地改造了知识分子的角色和功能以

---

① 《马克思恩格斯全集》第 31 卷，人民出版社 1998 年版，第 100 页。

② 《马克思恩格斯全集》第 31 卷，人民出版社 1998 年版，第 92—93 页。

及他们在社会中的活动"①。在这一过程中，随着知识和智力的因素加入体力劳动中，"新的沟通技术越来越要求富于知识的主体性。这一转变不单纯是智力劳动逐渐受制于资本主义生产的规则的过程。已经发生的事情乃是一种新的'大众智能'逐渐化身成形的历史转变过程"②。由此，奈格里以马克思对"一般智力"的论述为基础，提出了对"一般智力"的新的理解——主体在对"一般智力"运用的过程中能够脱离固定资本的限制而进行自主生产。

事实上，知识与生产的关系是在两个层面上进行的：一种是基于知识的资本主义的生产，它带来了资本主义生产方式的巨大飞跃；另一种是科学知识本身的创造性生产，这是一种新的生产形式。而这两者是有区别的。"科学知识（和一般的知识）不能简化为资本或劳动。知识的生产是自主的'在它自身当中并且为了它自身'。它是当时资本积累的一个独立的领域。就此而言，任何试图把认知资本主义的出现所造成的范式的断裂与在工业范式中出现的知识生产的内在性解读联系起来（无论是在标准经济理论中、在马克思主义批判中，还是在熊彼特的非正统学说中）都是注定要失败的。"③把这两个层面混为一谈的论点都是基于这样一种信念，即资本仍然完全支配着知识的生产和劳动分工的转变。奈格里认为，这种资本把知识仅仅纳为己用的逻辑在其所在的时代中不可能完全实现。这是因为，如此理解只是把"一般智力"看作内在于资本统治的一种形式上的知识。但事实上，一般智力"是

①　［意］莫利兹奥·拉扎拉托：《非物质劳动》，霍炬译，载许纪霖主编：《帝国、都市与现代性》，江苏人民出版社 2006 年版，第 139 页。

②　［意］莫利兹奥·拉扎拉托：《非物质劳动》，霍炬译，载许纪霖主编：《帝国、都市与现代性》，江苏人民出版社 2006 年版，第 140 页。

③　Antonio Negri, *from the Factory to the Metropolis*, Cambridge: Polity Press, 2018, p.37.

由积累起来的知识、技能和技巧所创造出的一种集体、社会的智力。是通过生产与再生产，同样也在（劳动、情感与语言的）流动当中表现其自身的方式"[1]。在全球化的帝国时代，这种集体的生产形式通过图像、信息、知识、情感和符码，以及社会关系的联合而形成了一种非物质生产的霸权，从而具有了脱离资本统治的可能性。更为重要的是，这种非物质生产劳动"不仅生产产品即客体，同时也再生产生产者之间的协作关系和社会关系即主体"[2]，从而表现为社会中新主体性的创造和再生产，是主体生产的自主性的体现。自主性的发展在一定程度脱离了资本与劳动之间原本的"有机"结构，这种"'自我'是微不足道的，但它并不孤立，它处在比过去任何时候都更复杂、更多变的关系网中"[3]。而正是这种当代"微不足道"的自我发展，表达了劳动主体在当下所处的生产关系的真实境遇。

二、主体性视角的转换

在马克思进行政治经济学批判的过程中，无论是资本对劳动的形式吸纳还是实质吸纳过程，归根到底都表达了一种资本对劳动的统治关系，这是以资本主体对劳动的统治为前提的。在《资本论》这一马克思政治经济学批判最成熟的著作中，马克思通过对政治经济学概念运动的展开来实现对资本逻辑的批判研究。基于此，马克思在《资本论》中揭

---

[1] ［美］麦克尔·哈特、［意］安东尼奥·奈格里：《帝国——全球化的政治秩序》，杨建国、范一亭译，江苏人民出版社 2008 年版，第 350—351 页。

[2] ［美］迈克尔·哈特、［意］安东尼奥·奈格里：《大同世界》，王行坤译，中国人民大学出版社 2016 年版，第 5 页。

[3] ［法］让·弗朗索瓦·利奥塔尔：《后现代状态：关于知识的报告》，车槿山译，生活·读书·新知三联书店 1997 年版，第 32 页。

示了资产阶级社会的特殊的运动规律以及人类历史的发展规律，揭露了被资本主义表象所掩盖的资本对人的剥削关系以及人的现实的生存境遇。这是学界普遍认可的马克思进行政治经济学批判所实现的价值和意义。然而，这种对《资本论》的解读只是揭示了"何谓"政治经济学批判以及政治经济学批判实现了什么的问题，却没有揭示政治经济学批判的目的，即"为何"要进行政治经济学批判的问题。因而这种解读只是在认识论的层面上来解读马克思，从这种解读出发，马克思至多只能算是一个资本主义社会的批判家。但这显然不符合马克思本人以及"真正的"马克思主义者对马克思的评价。

对马克思来说，最重要以及最符合他身份的一个称呼是"革命家"，其次才是诸如思想家、哲学家、经济学家的身份。这一点恩格斯在马克思的墓前说的非常清楚："因为马克思首先是一个革命家。以某种方式参加推翻资本主义社会及其所建立的国家制度的事业，参加赖有他才第一次意识到本身地位和要求，意识到本身解放条件的现代无产阶级的解放事业，——这实际上就是他毕生的使命"①。可见，革命才是马克思整个思想的核心。正是因为马克思以革命解放事业作为一生的使命，所以他所进行的理论研究和实践斗争都是围绕着这一使命展开的活动。"为了制定无产阶级的革命理论，马克思早在四十年代初就开始系统地研究政治经济学。他计划写一部批判资本主义制度和资产阶级经济学的巨著。"②而这部巨著就是作为"政治经济学批判"的《资本论》。可见，根据马克思的本意，他撰写《资本论》的目的是为革命寻找政治经济学基础，而这一过程马克思意图通过对资本主义社会政治经济

① 《马克思恩格斯全集》第 19 卷，人民出版社 1972 年版，第 375 页。
② 《马克思恩格斯全集》第 46 卷上册，人民出版社 1979 年版，第 I 页。

学的批判来实现。

然而，当代学者却普遍把政治经济学批判当作批判的目的，都是在"为了批判而进行的批判"的意义上来解读《资本论》，而不是从马克思的"为了革命而进行的批判"的意义上去解读，这就遗失了马克思整体思想中作为目的论核心的"革命"及其相关要素，以至于把对整个《资本论》的解读固定在了单一向度的批判框架内。之所以出现这样的问题，与《资本论》本身的内容及其结构体系是分不开的。具体来看，一方面，从《资本论》第一卷到第三卷，从"资本的生产过程"到"资本主义生产的总过程"，无论是资本与工人的关系还是进一步的资本与劳动的关系，这里都表现为以资本为主体而形成的社会关系。因此，研究主要呈现为对资本这一主体的单向的批判。但是，对资本与工人的关系的研究应当是双向的，资本对工人的关系同时也表现为工人对资本的关系，即资本与工人之间的关系是辩证的，这构成了资本逻辑的基础和前提。因此，不能只谈资本逻辑而不谈工人阶级运动。只从资本逻辑的角度，而没有从工人阶级的角度出发去进行的批判，其结果只能是片面的。忽略了资本与工人的关系的辩证本质，会使对《资本论》的理解只停留在批判资本的认识论层面，而丢失了工人阶级革命这一核心的目的论前提。也就是说，这种理解只站在了解读作为显性的资产阶级政治经济学批判的一面，而忽略了作为隐性的工人阶级政治经济学批判的一面，从而造成了对《资本论》解读的片面性。这也是以往一些《资本论》的研究者经常把它当作一部关于资本的经济学著作的原因。

西方马克思主义学者将自己理论视作对马克思主义的发展。从卢卡奇意图恢复无产阶级的阶级意识，到葛兰西的追求文化领导权的革命，再到法兰克福学派致力于社会批判理论的研究，西方马克思主义从无产阶级的政治革命进入了意识形态和文化批判的革命历程，这代表了西方马克思主义对待革命的问题意识的转向，它开辟了新的批判资本主义的视域，在某种程度上解答了西欧革命失败的内在原因。然而，虽然西方马克思主义者在不同的思想流派中对马克思的思想进行了新的阐释，但是他们仍然停留在马克思的资本主义批判向度内，即西方马克思主义的批判同样强调以资本对人的统治为出发点去进行资本主义批判，即以资本作为主体的前提来进行批判。意大利自治主义正是转变了这种批判的向度，提出了以工人自治为出发点的革命策略，从而在革命问题上与其他西方马克思主义流派区分开来。

奈格里对这种"资本作为主体的前提"进行了批判，他指出，"通过这些假说，生命、社会和自然都受到了资本生产力的影响，从根本上被剥夺了潜力。异化概念跨越整个理论领域：换句话说，整个行为现象学和存在的历史性被认为完全被吸收到资本主义剥削计划和资本主义生命权力生产中。科技被妖魔化了，启蒙的辩证法就这样完成了"[1]。从这样的前提出发，人只能处于资本的对象性的客体状态，结果是，"对于革命者来说，唯一的选择是坐下来等待重开历史的事件；对于那些不是革命者的人来说，唯一的选择是泰然处之——安静地顺应天命"[2]。在这个意义上，革命在这种视域中只能是被动的，只能从资本出发，在资本内部反对资本，但却无法超越资本。

事实上，以资本为主体出发去寻求革命的道路有着不可逾越的界限：以这种视角去处理社会关系内在的矛盾问题时，其结果总是指向一种总体性的统一，资本通过这种统一达到的动态平衡来解释社会运动的真实规律。在这样一种逻辑进程中，资本与劳动之间的矛盾运动总是倾

---

[1]　Antonio Negri, *Marx and Foucault*: Essays, Cambridge: Polity Press, 2017, p.19.

[2]　Antonio Negri, *Marx and Foucault*: Essays, Cambridge: Polity Press, 2017, p.19.

向于去实现它们之间对立关系的消解，从而表现为以资本为出发点最终又回到资本自身的发展路径，好像资本的逻辑成为社会运动和发展的本体。但在奈格里看来，资本主义的生产过程虽然是由这种资本与劳动的二元关系共同决定，但是在这种关系中，劳动才是创造性的唯一来源，是需要突出强调的主体性活动，如果弱化甚至变更了这种创造性的主体，而把生产过程固定化为一种总体性，那么就会摧毁这个进程的现实动力。① 另外，对于资本逻辑内在的矛盾形式来说，事实上，它在"表面上有着不可超越的障碍，这种障碍在对'不断革命'的发展过程中日益增大。这个过程没有现成的解决方案。没有所谓的资本主义的平衡发展能够解决这个问题"②。可见，资本逻辑的对立统一的总体性并不能真正解决矛盾。确切地说，这种资本逻辑只是在理性上使研究运动成为可能，但是它并不以任何方式危害这种运动。所以，单凭这种抽象的逻辑并不能在理论与历史之间达成任何形式的和解。它只是一种观念上的神秘形式的自我确证。因此，以资本为主体实行的资本逻辑导致的结果只能是把真正的现实神秘化为资本的现实，以至于无法在其内部指向革命。

那么，如何能够扭转把资本作为主体来批判的视角，从而超越资本的界限去推动革命的发展呢？其关键就在于找到包括资本在内的，真实的社会发展和革命倾向的动力来源，从而破除以资本自身发展为前提的假说。在奈格里看来，这需要诉诸工人而非资本的主体性。他指出，资本在增值过程中实现的财富创造和社会控制只是表面上的，"工人阶级

---

①　参见［意］奈格里：《〈大纲〉：超越马克思的马克思》，张梧等译，北京师范大学出版社 2011 年版，第 26 页。

②　［意］奈格里：《〈大纲〉：超越马克思的马克思》，张梧等译，北京师范大学出版社 2011 年版，第 200 页。

是独一无二的财富的唯一源泉。因此，我们位于关于动态的工人阶级的第一个定义的核心，这就是工人阶级的本质是价值的创造者，这一本质包含在持续不断的斗争中。这些斗争一方面造成了资本的发展，另一方面造成了阶级构成的增强"①。可见，在资本主义社会，工人才是社会发展动力的源泉，虽然资本通过剥削工人创造的价值实现了自身财富增值的幻象，但是在本质上，它却不生产财富。传统西方马克思主义的错误就在于他们是基于那种资本发展先于工人创造的思想，把社会的发展误认为是资本自身的功劳而非由工人的劳动创造的结果，这实际上构成了对真实的资本与劳动关系的颠倒。因此，只有从劳动而非资本的主体性出发，才能确证社会和革命发展的动力源泉，并切中资本与劳动关系的真实本质。

确立人的主体性的优先地位之所以能够使革命成为可能，奈格里认为，首要的原因在于它超越了资本统治的权力视角。从这一视角出发的"反抗是依附并从属于其所反抗的权力的，这个术语意味着次级权力，与其所反对的权力并无本质区别"②。也就是说，如果依附于权力先在性的前提，反抗无论如何也无法超越权力的范围。然而，事实是，反抗的能力是先于权力的统治而存在的。这是因为，权力只能作用于那些本来是自由的主体，如果主体先天不享有自由，就像那些刚出生就成为奴隶的人一样，那么他们也就无法去反抗权力的统治；相反，只有主体是先天自由的，那么当权力作用于主体之上时才会引起主体反抗。由此，逻辑上先在的主体性及其反抗的动力，才构成了超越资本的革命的可行性

---

① ［意］奈格里：《〈大纲〉：超越马克思的马克思》，张梧等译，北京师范大学出版社2011年版，第100页。
② ［美］迈克尔·哈特、［意］安东尼奥·奈格里：《大同世界》，王行坤译，中国人民大学出版社2016年版，第36页。

基础。可见，奈格里从人的劳动的主体性出发，确立了其与资本关系中的优先地位，转变了原本马克思主义批判理论研究过程中以资本为主体来认识资本与劳动之间关系的观念，实现了一种从资本为主体到以人为主体的主体性视角的转换。

　　奈格里对资本与劳动关系认识观念的转换，源自他对当代生命政治问题的研究。在当代左翼思想的研究中，生命政治构成了一个核心话题。对这一问题的研究，学术界往往侧重于从权力统治的视角出发来解读生命政治。在这一视角下，生命政治被视作一种掌控生命的权力，也正是这样一种控制生命的外在力量，构成了当代左翼批判的绝佳样本。然而，这里同时存在着一个不容忽视的困境，那就是基于这一视角的思想仅仅只能停留在批判的认识论层面，它无法继续为批判之后的变革提供可靠的理论支撑。与同时代左翼的理论家不同的是，奈格里还将生命政治解读为生命本身的力量，他从权力统治的视角转向了被统治者的主体性视角，进而阐发了一种新的理解生命政治的思想路径。在新的视角下，生命政治作为一种主体性的"政治"力量，体现在与资本的对立关系当中，它能够为反抗资本提供内在动力，为社会关系的变革提供可能性。那么，作为西方左翼探讨核心的生命政治概念究竟代表了何种含义，奈格里所实现的生命政治的视角转换在何种意义上能够带动一种主体性力量的产生，从而为社会关系的变革提供动力，这是必须说明的问题。

第二节　何谓自治主体

　　自治主体产生的前提揭示了自治主体何以产生的基础，回答的是自治主体"为什么"能产生的问题。在这一阶段之后，对自治主体的研究应该进入其本体之中，也就是对自治主体本身进行追问，即对它"是什么"进行追问。在这一过程中，一方面要说明的是谁成为自治主体的承担者，正如确定工人是马克思所处时代无产阶级的承担者一样；另一方面应当追问自治主体之所以能够成为自治主体而不是其他的身份，它具有何种特征。

一、自治主体的现实承担者

在资本主义工业化时期，马克思的革命理论中所指的革命主体是无产阶级，它的现实承担者是工厂中的工人。而在全球化资本主义时期，社会的经济环境发生了转变，在这一阶段，整个社会都投入生产当中，资本对社会的笼罩已经完成。这时，工厂已经不再是生产的主要场所，大都市以及社会生活领域成为社会生产的主要环境。生产环境的社会化意味着资本主义的生产方式及其剥削方式的社会化转变，这扩大了从事社会生产的劳动者的范围，从而囊括了更多原本区别于传统工人阶级且不受资本主义生产方式剥削的劳动者的群体。与此同时，传统的工人阶级内部也出现了分化，工人不再只具有原本的雇佣劳动者身份，有的工人变成了管理者甚至在一定程度上能够支配并占有部分资本而具有了资产阶级的属性。这时工人的思想有可能已经被同化，成为权力统治的一分子，没有了原本的革命热情和目标。可以说，这时的工人只作为工人出现，失去了原本作为革命主体承担者的工人阶级的阶级属性。可见，在这种情况下，需要对当代资本主义社会的革命主体进行重新确认。那么在这种资本主义生产环境的社会化转变以及作为革命主体的传统工人阶级的普遍分化的现实状况中，谁能够成为变革当代资本主义社会的新革命主体，从而担负起当代资本主义变革的重任，这是必须要探讨的问题。

奈格里在分析了当代资本主义全球化统治的形式下指出："今天，旨在变革和解放的政治行动只能在诸众的基础上进行。"[1] 在奈格里的视野中，"诸众"[2] 就是意大利自治主义思想中自治主体的现实承担者。然而，在讨论诸众到底由哪些群体构成时，奈格里却并没有给出一个确定的身份集合，因为在他看来，诸众在社会生产中具有广泛的杂多性，即使是身份的多样性"也不足以把握诸众边界的无限特征"[3]。由此可见，无法用一个有限的集合去限定无限的概念。然而，在奈格里看来，现在我们已经达成一致的是，诸众这一概念不是什么。也就是说，可以通过已知的概念去把握诸众的特征，从而对其进行定义。

首先，从诸众本身的含义来看，诸众代表的是"多数"，它在一定意义上可以用群众来表示。然而，诸众并不能简简单单地被看作普通群众的集合。这是因为，组成群众的个体以及群体的简单联合是不连贯的，虽然他们之间可以构成差异的多样性集合，但这种集合本身是松散的，很容易表现为一种无关紧要的集合形式。勒庞在研究群众的心理时指出："不言自明，一些人偶然发现他们彼此站在一起，仅仅这个事实，并不能使他们获得一个组织化群体的特点。一千个偶然聚集在公共场所的人，没有任何明确的目标，从心理学意义上，根本不能算是一个群体。"[4] 之所以群众没有明确的目标，这源于群众本身对他们的行动的无意识，他们发挥他们主体的力量时是被动的，必须在一定程度上受到引

---

① Michael Hardt, Antonio Negri, *Multitude: War and Democracy in the Age of Empire*, New York: The Penguin Press, 2004, p.99.

② 自 multitude 翻译而来，在其他文献中也常被译作"大众"。

③ [美] 迈克尔·哈特、[意] 安东尼奥·奈格里：《大同世界》，王行坤译，中国人民大学出版社 2016 年版，第 25 页。

④ [法] 古斯塔夫·勒庞：《乌合之众：大众心理研究》，冯克利译，中央编译出版社 2017 年版，第 5 页。

导，这就是为什么他们如此容易受到外部操纵的原因。勒庞认为，无论是动物还是人，如果他们想要聚集在一起，就必须让自己处于某一领袖的领导之下。领袖的作用相当重要，他的意志是群众形成意见并取得一致的核心。①而缺失了领袖领导的群众只能沦为一群"乌合之众"。可见，依照勒庞的说法，群众本身也是有区别的，但即使是能够行动一致的群体，也必须由某个个人的领导才能够共同行动。但问题是，个人的领导不仅极易产生专制和集权，而且在没有正确的、适当的引导下，群众可能会产生可怕的破坏性效应。这种对群众的定义显然与奈格里等意大利自治主义思想中的自治主体的含义相违背，之所以是自治主体，首先就明确了主体是通过自治的方式结合到一起而共同行动的。如果忽略了自治主体的自治本性，转而寻求一种外在的领导和操控，那么这无疑又回到了类似于由政党领导的运动阶段，这正是与自治主义的基本思想是相悖的。

其次，诸众不是传统意义上的工人阶级，但又是一个与工人阶级相关的概念。传统的工人阶级劳动的主要场所是工厂，而现在的生产则普遍进入社会生活当中。这时，工人的生产劳动形式发生了转变，相比于传统工人进行的物质生产劳动，"今天处于生产结构之上的统治地位的劳动力形式是非物质的、智力的、关系的和语言的劳动——因此，劳动力在空间和时间上都具有灵活性。但是其最基本的性质是，它超越了资本主义控制的传统维度，空间上和时间上皆然"②。显然，诸众的劳动形式比之前的工人阶级的范围更加宽泛了。然而，在资本主义社会中，这

---

① 参见［法］古斯塔夫·勒庞：《乌合之众：大众心理研究》，冯克利译，中央编译出版社 2017 年版，第 89—90 页。

② ［意］安东尼奥·内格里：《超越帝国》，李琨、陆汉臻译，北京大学出版社 2016 年版，第 50 页。

同时也代表了资本对劳动的剥削方式和剥削程度朝向更深层次的发展。在这个意义上，诸众没有逃脱出他们是劳动阶级和生产阶级的命运，他们仍然是被剥削的群体，他们在阶级结构上与传统的工人阶级类似，在财产方面仍然是一无所有的无产阶级。

奈格里在对诸众的定义中明确指出："诸众是一个阶级概念。"① 而这种划分似乎构成一个悖论，因为诸众表征的是"多"而"杂"，而阶级表征的则是"一"。卢卡奇在分析西方无产阶级革命失败的原因时就指出了工人阶级缺乏共同的"阶级意识"，只有恢复这种阶级意识，革命才会成为可能。那么诸众如何能够算作一个阶级概念？事实上，我们通常理解的阶级概念是在马克思阶级理论的基础之上进行的。马克思的阶级理论源于对经济因素的思考。从经济关系出发，马克思认为，资本主义社会的阶级关系呈现为简单的两极对立形式，所有形式的劳动都趋向于构成单一的主体——无产阶级，它的对立面则是单一的剥削主体——资产阶级。马克思在进行阶级划分时并不是没有注意到其他的划分标准，他之所以只基于经济因素，一方面是因为经济因素是主导因素；另一方面原因则源自马克思二元对立的阶级和革命观念。正是在这一观念下，马克思才统一并简化了阶级的划分。而对诸众的阶级概念来说，构成当代社会阶级的数量可能是无限的。这是因为，诸众的阶级不仅仅以经济因素的划分为标准，包括种族、性别和其他因素的差异也成为阶级划分的标准。在这个意义上，以阶级概念来表征诸众，只是划分的标准是多重的，因此这种划分标准与对阶级的定义之间是不矛盾的。另外，从阶级概念的目的论角度来看，它代表一个有共同斗争目标的集体。由

---

① Michael Hardt, Antonio Negri, *Multitude: War and Democracy in the Age of Empire*, New York: The Penguin Press, 2004, p.103.

此可以说，虽然诸众基于多元因素的阶级划分与马克思关于经济因素的划分存在一定的差别，从而表现为不同的阶级形态。但是这两种划分都有一个共同的倾向，即他们所形成的阶级斗争都是一种集体行动的反抗斗争，都指向集体反抗权力的革命路径。奈格里指出："阶级是由阶级斗争决定的。当然，有无数种方法可以作为依据从而将人类划分为不同的阶级——头发的颜色、血型等等——但真正重要的阶级是那些由集体斗争所界定的阶级。"①

诸众的生产是一种生命政治生产，当我们谈到生命政治时，就不仅包含经济领域中的生命劳动，这种劳动只不过是一种作为劳动力的雇佣劳动；而且包括经济领域之外的所有社会生活的劳动形式。生命政治所有的劳动形式范围远超雇佣劳动这一单一形式，它不仅指涉劳动力，而且泛指人类所有的劳动的创造能力。从雇佣劳动的劳动力这一经济层面来讨论阶级问题，表现出来的是同一的阶级属性；而人类所有的劳动的创造能力代表多元性和差异性，这是非同一的多重性。这种诸众的独特的社会差异在阶级这一集合中必须将其内在的全部创造性表达出来，而决不能把它们变成同一的模式。但这并不代表作为阶级的诸众的创造能力的多样性与阶级目标的共同性相冲突。无论是劳动能力、生活方式还是其他因素的多样性，这些永远都是必然存在的，但这并不妨碍在一项共同的政治计划中进行交流与合作。

二、自治主体的特征

作为阶级的诸众在构成上阐释了自身所具有的斗争潜力，但并没有

---

① Michael Hardt , Antonio Negri, *Multitude: War and Democracy in the Age of Empire*, New York: The Penguin Press, 2004, p.104.

指明这种斗争潜力源于何处，也就是说，诸众的阶级构成并没有阐释清楚当代的诸众何以会成为诸众。奈格里指出，"诸众是一个内在不同的、多元的社会主体，它的构成和行动不是建立在同一性或统一性（或者是对此漠不关心）的基础上，而是建立在它的共同之处"①。只有这样，构成诸众的个体才能够生产并组成网络，从而表达共同利益的趋向。那么，个体差别的多样性构成的集合如何具有共同之处？这不仅是认识诸众构成的可能性的关键，也是定义诸众的标准。奈格里指出，诸众"表达了一种生命政治活动。生命政治的生产意味着什么？它首先意味着对生命权力的抵抗。今天，资本在全球层面的变化是由工人的斗争带来的。工人的斗争侵蚀并摧毁了资本主义统治的旧有形式"②。可见，正是诸众在其生命政治生产过程中对资本统治权的抵抗成为构成诸众的群体的共同之处。在原本的资本主义社会中，是工人阶级反抗资产阶级的斗争，而今天的抵抗则是诸众反对资本主义。诸众之所以要对抗资本主义的权力统治，是因为资本主义的权力统治制造了诸众的贫穷，从而使诸众成为"穷人"。在这个意义上，谁是"穷人"，谁就成为诸众的一部分。在这里，诸众的贫穷不代表他们经历了多少苦难，受到了多少剥削，也不是指身份上的高低或财产上的多寡，而是指"被明确地排斥在主导的政治体外"③。这是诸众谓之诸众的根本。而资本主义之所以排斥诸众，是因为资本主义只注重生产自身的主体性，意图维护其私有财产的利益

① Michael Hardt, Antonio Negri, *Multitude: War and Democracy in the Age of Empire*, New York: The Penguin Press, 2004, p.100.
② ［意］安东尼奥·内格里：《超越帝国》，李琨、陆汉臻译，北京大学出版社 2016 年版，第 52 页。
③ ［美］迈克尔·哈特、［意］安东尼奥·奈格里：《大同世界》，王行坤译，中国人民大学出版社 2016 年版，第 25 页。

及政治体的统治。而诸众的主体性生产会产生其他特殊的、甚至威胁到它统治的意见。因此，他们被排除在外。奈格里对这一发展进行了说明："在 17、18 世纪伟大的资产阶级革命过程中，诸众的概念被从政治和法律词汇中清除出去，通过这种方式，共和国的概念（公有物而非共有物）也变得狭隘，它成为确立和保证财产的工具"①。具体来说，诸众所代表的杂多性、开放性和包纳性是与崇尚意志与行为统一的主流政治思想相悖的。现代主流的政治思想认为政治体是主权者的意志，而主权者的意志是统一的，只有符合主权者意志的统一体才能被纳入政治体当中，享有政治权利。而诸众的典型特征是"社会等级和群体的无限混杂"，他们代表了特殊的权力和要求，代表与政治体规定的同一性相反的杂多，因而他们不符合作为政治体的权力，由此被排除在政治体之外。

而且，即使是共产主义者和社会主义者也都普遍认为，"由于穷人被排除在资本主义生产过程之外，他们也必须被排除在政治组织的任何中心角色之外。因此，传统上，党主要是由生产霸权形式中雇佣的工人先锋组成，而不是贫穷工人，更不用说失业的穷人了。穷人被认为是危险的，要么是道德上的危险，因为他们是不劳而获的社会寄生虫、小偷、妓女、吸毒者等等；要么是政治上的危险，因为他们没有组织，不可预测，本质上是保守的。事实上，流氓无产阶级（或破烂的无产阶级）这个词已经在很大程度上妖魔化了整个穷人。为了彻底地蔑视穷人，最后，人们常常认为他们只是工业化前社会形态的残余，是一种历史的拒绝"②。然而，这种穷人只是被现代权力统治所塑造出来的穷人。

---

① ［美］迈克尔·哈特、［意］安东尼奥·奈格里：《大同世界》，王行坤译，中国人民大学出版社 2016 年版，第 32 页。

② Michael Hardt and Antonio Negri, *Multitude: War and Democracy in the Age of Empire*, New York: The Penguin Press, 2004, p.130.

也就是说，诸众之所以是穷人，是被现代权力体所排斥造成的，"贫穷并非人性本身的特征"。奈格里认为，马基雅维里的政治思想与现代资产阶级主流的政治思想相对立，他提出了一种认识诸众的"根本性的替代思路，不仅将穷人视作资本隐形权力残暴剥夺的残余物，不仅将他们视作生产与再生产的新条件下的囚徒，同时也将他们视为反抗的力量，这种反抗让他们认识到，在这种体制的剥削背后，依然存在共同性的踪迹：共同的社会生活，共同的社会财富"①。

依照马基雅维里的政治思想，我们可以发现，诸众作为政治体不被现代主流的政治思想所承认，甚至遭到排斥，这从相反方向上也证明了诸众这一政治体所具有的力量。诸众本身具有生产的力量，尤其是在今天的后现代世界中，这几乎是显而易见的。资本主义的生产从工厂延伸到社会，从而进行整个社会层面的生产。这时资本的剥削不仅仅是在原本工业范围内对"产业工人"的剥削，而且扩展到了对整个社会从事生产劳动的"社会工人"身上。奈格里对"社会工人"的认识与马克思的"总体工人"概念非常类似。在某种程度上，奈格里的"社会工人"比马克思的"总体工人"更适应现代社会的发展。马克思的"总体工人"概念是从个人与社会的层面来界定的，"产品从个体生产者的直接产品转化为社会产品，转化为总体工人即结合劳动人员的共同产品。总体工人的各个成员较直接地或者较间接地作用于劳动对象。因此，随着劳动过程的协作性质本身的发展，生产劳动和它的承担者即生产工人的概念也就必然扩大。为了从事生产劳动，现在不一定要亲自动手；只要成为总体工人的一个器官，完成他所属的某一种职能就够了"②。而奈格里的"社

---

① 〔美〕迈克尔·哈特、〔意〕安东尼奥·奈格里：《大同世界》，王行坤译，中国人民大学出版社 2016 年版，第 33 页。

② 《马克思恩格斯全集》第 44 卷，人民出版社 2001 年版，第 582 页。

会工人"是以知识经济时代的非物质生产方式为基础，从资本控制中的社会生活领域的生产和再生产中衍生来的。[①]"社会工人"创造了新的社会价值，但却被资本以与之前不同的方式占有和剥削了。可见，"社会工人"一方面成为资本财富的创造者，是资本主义积累财产的支柱；另一方面，他们却被资本排斥在政治体之外，成为了诸众，无法获得并使用政治体本应具有的权利。而这就是诸众反抗资本主义的根源所在。在反抗资本主义的事件中，诸众的能力不是外在赋予的，而是源自他们自身的主体性生产的能力。因为诸众所进行的社会生产完全依靠其主体性的自主创造，它并不像原本的产业生产那样，必须要有资本的生产资料供应才能完成。因此，对于诸众来说，他们本身具有超越贫穷的能力。而且在当代资本主义社会的现实生产过程中，诸众已经展现出了这种能力。在今天的后现代社会的生命政治生产中，穷人、失业者和未充分就业的人实际上在社会生产中是积极的，随着合作等非物质劳动或社会关系和交际网络的建立，包括穷人在内的所有社会成员的生产力变得越来越直接，他们所进行的"生命政治的生产，包括知识的生产、信息的生产、语言形式的生产、交流网络和社会关系的生产，往往涉及包括穷人在内的整个社会"[②]。

诸众作为被现代政治抛弃在政治体之外的群体，他们不是因为某些主观的因素而结合在一起的，其本身就是一个被动的集合体。与崇尚统一意志而排除异己的现代政治思想相比，诸众"不是社会某一群体的排他性身份，而是不论身份或财产，以杂多性内嵌在社会生产机制中的群

---

①　参见［意］奈格里：《〈大纲〉：超越马克思的马克思》，张梧等译，北京师范大学出版社 2011 年版，中译本导言第 14 页。

②　Michael Hardt, Antonio Negri, *Multitude: War and Democracy in the Age of Empire*, New York: The Penguin Press, 2004, p.130.

体"①。因而他们可以不受现代政治意识的影响，从而表现为主体性的开放性和包容性。而这种开放性和包容性又构成其进一步联合进而反抗统治的基础。由此来看，对于诸众的联合形式来说，"构成生产过程的有效网络的是生产的主体的合作和个体的创新。工人不是由意识形态因素联合起来的，而是由他们所受的剥削的共同形式（主要是对群众知性的剥削，但在生产性劳动的其他每一个领域都有反映），是由劳动者被迫组织起来并表达自己的那些模式和形式的有效现实联合起来的"②。在奈格里看来，这种联合构成了诸众反抗资本统治的组织，体现了诸众及其生产共有财富的趋势。

第三节　自治主体的内在本质

对自治主体的构成、自治主体的生产的阐释表明了自治主体本身所具有的能力，这是对自治主体的本体论及其未来进行革命的可能性的概括。然而，这种对自治主体能力的揭示只是一种"应然性"的本体论叙述，它只是弄清楚了自治主体可能具有多么强的能力，但这并不直接表示他们可以在实际的生产过程中根据他们的能力实现共同的组织和生产。事实上，自治主体是在其具有能力的前提下构建出来的。奈格里指出："我们不应该将诸众理解为一种存在，而应该理解为一种制造——或者说，一种并非固定或者静态的，而是不断得到改造，不断被丰富，

---

① ［美］迈克尔·哈特、［意］安东尼奥·奈格里：《大同世界》，王行坤译，中国人民大学出版社 2016 年版，第 28 页。

② ［意］安东尼奥·内格里：《超越帝国》，李琨、陆汉臻译，北京大学出版社 2016 年版，第 53 页。

由制造而得到构成的存在。这是一种独特的制造，因为并不存在制造者。在主体性生产的过程中，诸众就是自己不断生成他者的制造者，也是集体性自我改造从未间断的过程。"① 那么作为自治主体的诸众该如何去制造和建构，它遵从什么样的本质？

一、生产的"共同性"

奈格里批判了当今的社会政治运动中存在的两种不同的构建路径，并提出了一种新的战略，他指出："一方面，诱惑来自于对现有社会机构的逃离，这种逃离有时被设想为创建一个独立团体的计划，有时则被视为游击主义的一种形式，形成一个小型的行动团体。另一方面，改革的动力源自在现有的体制内部从事一种漫长的变革，幻想公共性最终可以导向共同性。然而，我们认为，这两条道路都通向了死胡同。"② 事实上，对于这两种路径来说，无论是逃离机构之外去寻求新的抵抗还是试图在内部对它们进行变革，都指向了一个共同的参照系——公共权力。前者是逃离公共权力的统治范围，从而拒绝这种公共权力的统治方式；而后者则是把公共权力特权化，试图去对它进行变革。在这个意义上，这两条路径都变向承认了公共权力这一实体化权力。在社会政治层面，这就是认可将法律和制度作为主权的现代权力统治的观念。然而，法律和制度作为主权的保障形式虽然展现为一种公共性的国家权力，但事实上，在现代主权国家内，主权是建立在私有财产的基础上并且代表私有财产利益的，而法律则源自资本主义财产和商品形式。在这个意义上，"法律结构的前提条件不在于国家权力，而是在于生产的物质关系。因

---

① ［美］迈克尔·哈特、［意］安东尼奥·奈格里：《大同世界》，王行坤译，中国人民大学出版社 2016 年版，第 125 页。

② Michael Hardt, Antonio Negri, *Assembly*, New York: Oxford University Press, 2017, p.235.

此，公共只是私有财产的投射和保障"①。由此可见，在实际的社会政治斗争中，只要是基于公共权力的变革，无论变革的力量是来自"外部"，还是从权力结构的"内部"进行解放，都无法摆脱来自旧有的、现代资本主权统治的范畴。针对这种境遇，奈格里指出，"我们必须在生命政治和生命权力发展的'内部和外部'建立新的机构。因此，我们应该采取一种双重战略，把与现有机构和计划的对立结合起来，以创造新的机构和计划"②。

奈格里所说的这种新的、内部和外部结合的机构蕴含着与现代权力的统治正好相反的观念，这里所说的变革的力量不是源自外部，它源自内部的主体性生产力量；这里的内部也不是指只在权力内部反抗权力，而是要创造一种新的计划。在奈格里看来，这种新的计划是基于当代资本主义的社会生产环境而产生的。在这一生产环境中，非物质劳动的生产方式占主要地位，劳动者所进行的主体性生产完全是自主性的，这样，"生产的最终核心不是为主体去生产客体——人们一般就是这样去理解商品生产的，而是主体性自身的生产"，它的产物就是与主体自身相关的生命形式，因而是一种生命政治生产。生命政治生产在构建生命本身的过程中，通过社会协作形式生成与他者的关系，从而实现社会关系的生产与再生产。奈格里将这种在生产生命形式和社会关系的过程中共同依赖、创造并享有的财富称为"共同性"（the common）。他指出："所谓'共同性'，首先指的是物质世界的共同财富——如空气、水、大地产出的果实以及大自然。在欧洲经典的政治文本中，共同财富总是被视为全人类的共同遗产，需要共同

① Michael Hardt, Antonio Negri, *Assembly*, New York: Oxford University Press, 2017, p.236.
② Michael Hardt, Antonio Negri, *Assembly*, New York: Oxford University Press, 2017, p.235.

分享。另外，更为重要的是，我们将共同性视为社会生产的结果，这是社会交往以及再生产的前提，如知识、语言、符码、信息、情感（affects）等。"① 在当代资本主义的信息化发展的条件下，共同性成为社会生产的主要产品，由此在世界范围内产生了许多共同的、可以共享的资源。

共同性源自生命政治劳动的自主化创造，它开启了对资本的社会关系的新的阐释，同时也为我们提供了一个理解诸众以及在政治行动中制造诸众的领域。在诸众的生产方面，诸众本身具有主体性的创造能力，而共同性作为可以被共享的资源，一方面构成了诸众进行主体性生产的前提；另一方面也是主体创造的共同成果。由此看来，诸众的生产与共同性的扩张是同步的。可以说，在生命政治生产的语境下，通过利用并生产共同性，诸众不断地实现对自身的改造。在这一过程中，诸众实现了自身力量的壮大。而在诸众的生产与资本主义的关系方面，诸众的共同性生产作为一种主体生产自身并改造自身的过程，它是在资本的生产之外进行的，是主体性的自主创造行为，不需要资本的参与。在这个意义上，这种生产共同性的潜能总是逾越其与资本的关系。奈格里引用马舍雷的思想指出，"经由共同生命，我们必须理解集体创造的所有形象，这些形象能够让协作与合作发挥作用。这个网络一旦运作起来，就能够无限扩展下去。这就是为何共同生命能够逾越其所要反抗的所有体制和所有固定秩序的原因"②。因此，从共同性的生产和逾越资本的潜力来看，奈格里认为："诸众基于共同性的扩张和在生产中的自我改造为诸

① ［美］迈克尔·哈特、［意］安东尼奥·奈格里：《大同世界》，王行坤译，中国人民大学出版社 2016 年版，序言第 2 页。
② ［美］迈克尔·哈特、［意］安东尼奥·奈格里：《大同世界》，王行坤译，中国人民大学出版社 2016 年版，第 127 页。

众在政治领域中的自治明确了最终方向。"①

虽然共同性具有逾越资本的特性，从而资本理应对其报以敌视态度。但事实上，对于资本来说，它又不能没有共同性，因为共同性同时也是当代资本积累的最新对象。正是由于资本对共同性的需要，导致共同性在当代主流意识形态的作用下却很难被发现。因为资本的统治将共同性进行了私有化，从而在社会当中，共同性只以私有财产的形式体现出来。可以说，在这种情况下，共同性被资本的私有化所遮蔽了，"生产关系和财产被定义为个人主义和私有化的规则和规范，而这是无法把握新的生产现实的，它完全是外在于新的共同的价值来源"②。这就使得共同性无法通过经验直观的方式去把握。与此同时，从社会主义的视角出发也无法正确地认识共同性。虽然资本主义与社会主义是一副势不两立的对子，它们所代表的私有化和公有化也普遍被认作相反的概念。从这样一种观点来看，超越了私有化的公有化好像就能够自然而然地实现共同性恢复。但事实上，公有化与私有化一样，两者都属于排斥共同性的财产制度。这是因为，共同性是所有人都可以享有的共同资源，它属于所有的主体性生产者。而公有财产则表现为国家、政府对资源的调节和管控，它代表资源的国家属性，这归根到底也是一种将共有资源私有化的形式。只不过与资本主义私有化的主体对象不同，资本主义私有化财产的拥有者是个人，而社会主义公有化财产的拥有者是国家和政府，但这两者无不将共同性视作剥削的对象。也就是说，在当下的资本主义积累过程中，剥削主要集中于共同性之上，是对共同性的剥削。正是基于此，奈格里指出，在认识到共同性的存在境遇之后，在认识到当代资

① [美]迈克尔·哈特、[意]安东尼奥·奈格里：《大同世界》，王行坤译，中国人民大学出版社 2016 年版，第 127 页。
② Michael Hardt, Antonio Negri, *Declaration*, New York: Argo-Navis, 2012, p.46.

本主义剥削的新形式之后，"我们计划的第一步就是夺回共同性，并增强其能力"①。这不仅有助于遏制资本在当代的扩张趋势，而且有助于诸众积聚共同的力量。那么如何才能夺回并发展共同性？这是接下来需要讨论的问题。

二、斗争的"对抗性"

与资本争夺共同性的过程就是反抗资本的过程，对于反抗资本在何种意义上能够达成的问题，就是要追问反抗具有何种内在性机制。奈格里认为，生命政治的主体性视角为超越资本提供了某种可能性。然而，这种主体性视角并不是指之前所说的主体性的创造能力，因为这种主体性的创造是一种通向共同性的生产，它虽然能够脱离资本进行自主生产从而逾越资本的界限，但这只表现了主体性的生产本质，并没有阐明主体性在受到剥削之后的反抗的本质。那么反抗资本的力量在何种意义上能够形成？奈格里指出："我们必须要遵循一条主线，这条主线就是主体的对抗性。"②在资本主义社会中，随着资本入侵社会生活领域，这种主体的对抗性无处不在。马克思曾指出工人阶级的对抗性本质，他认为，对于工人阶级来说，"他'只要还有一块肉、一根筋、一滴血可供榨取'，吸血鬼就决不罢休。为了'抵御'折磨他们的毒蛇，工人必须把他们的头聚在一起，作为一个阶级来强行争得一项国家法律，一个强有力的社会屏障，使自己不致再通过自愿与资本缔结的契约而把自己和

---

① ［美］迈克尔·哈特、［意］安东尼奥·奈格里：《大同世界》，王行坤译，中国人民大学出版社 2016 年版，序言第 3 页。

② ［意］奈格里：《〈大纲〉：超越马克思的马克思》，张梧等译，北京师范大学出版社 2011 年版，第 195 页。

后代卖出去送死和受奴役"①。

而奈格里之所以转向对抗性是由于意大利工人自治运动的革命需要。在 20 世纪六七十年代,资本主义的发展使传统工厂中的生产模式发生了变化,基于这种劳动过程和生产方式的转变,意大利左翼思想家开始研究适合工人阶级的对抗策略。然而,这种策略在宣传和施行过程中并不顺利,遭到了各种各样的干预和抗拒。这种阻碍源自工厂里的工会组织——他们在工厂里占有重要地位,原本是为了工人阶级的共同利益而形成的团体,现在却向资产阶级妥协并反过来制约工人。因此,对当时的意大利革命运动来说,谋求一种像工会这样集体的统一是不切实际的,重新思考革命可能的方向并重新组织斗争的形式才是时下最重要的目标。这就为以自主主义革命为核心的意大利"工人自治"运动的兴起提供了客观的社会环境。

正是由于工人自治运动的革命需要,奈格里才转向《大纲》去寻求理论支点。"换句话说,重要的是探讨当前面临的问题,正是在这样的探讨的基础上,我们才会去寻找支持我们的观点的理论文本"②。对于《大纲》,奈格里指出,它是一个确立革命主体性的文本。在这里,主体性是一个贯穿始终的概念,它是能动的中心,代表了资本主义剥削下阶级构成的内在对抗性动力。具体来说,主体性是在危机和斗争的过程中的一种主体的决断,这种决断并不凭空产生,而是根源于客观历史环境所造成的物质关系,当这种关系达到临界点时,就会带来消灭敌人的不可动摇的意志,从而构成支配或颠覆当前历史进程的动力。可见,人的主体性的能动作用是与资本剥削的阶级仇恨联系

---

① 《马克思恩格斯文集》第 5 卷,人民出版社 2009 年版,第 349 页。

② 肖辉:《马克思主义的发展与社会转型——内格里访谈》,《国外理论动态》2008 年第 12 期。

在一起的，是资本剥削的结果，即资本剥削的阶级构成塑造了斗争的主体性。从主体性视角来看，这种斗争的主体性就表达为与资本的剥削之间的对抗性关系。也就是说，斗争的动力以及对资本的"支配和颠覆只能由参与到这种对抗性关系中的人去完成"①，如果脱离了这种对抗性，运动将无以为继。正是这种动力构成了意大利工人自治运动的能量来源。

因此，客观的矛盾运动并不直接带来资本主义的灾难，灾难是人的对抗性活动的结果。奈格里不仅没有否认过资本主义中存在的客观矛盾，相反，他是在承认资本客观矛盾的基础上，从革命主体的角度出发指向现实的革命运动。他指出，向共产主义的转变不单单包括经济发展史的维度，而主要是"我们自身矛盾运动的主观过程。马克思说，'资本包含着种种矛盾，我们绝不会否认这一点。我们的目的就是要充分发展它们'，而这里的'充分'既指在现实中对剥削的反抗，也指对将来之解放的展望"②。

可见，对抗性作为矛盾的"充分"发展，与矛盾在总体性框架内的对立统一走的是"相反"的道路。但是，这种"充分"和"相反"不表示对抗性是矛盾的"反面"，因为如此预设会把对抗性归结为矛盾的组成部分。真实的关系是，"对抗性是对矛盾的颠覆，是改变和阻碍其完满构成的混杂因素"③。也就是说，不同于通过最终肯定的统一模式来消

---

① ［意］奈格里：《〈大纲〉：超越马克思的马克思》，张梧等译，北京师范大学出版社2011年版，第26页。

② ［意］奈格里：《〈大纲〉：超越马克思的马克思》，张梧等译，北京师范大学出版社2011年版，中文版序言第3页。

③ 孔明安：《当代国外马克思主义新思潮研究——从西方马克思主义到后马克思主义》，中央编译出版社2012年版，第571页。

解矛盾关系，"对抗性必须从否定性的视角去理解，这一否定是纯粹的否定，而非为了肯定，也即黑格尔所谓的'否定之否定'"①。因此，这种以否定为目的的对抗性绝不指向一个确定的、结构化体系的结果，它不是"封闭的系统关系"②。相反，它指向的是一种面向未来的批判和开放的空间。

矛盾和对抗性的相反道路源自二者不同的本质。康德以"矛盾的对立"和"实在的对立"将这两种对立进行了区分，在某种程度上揭示了这两者的内在区别。其中，"矛盾的对立归属于逻辑或观念，它针对同一个观念对象，逻辑上会出现相互对立的认识，即 A 或非 A。而'实在的对立'或现实的对立，则不会出现上述情形，也即'一物的两个属性是对立的，但却相互独立'"③。这样，"现实的对立"就是一种 A 或 B 的关系。从这两种对立出发，矛盾的逻辑最终仍然会返回 A，从而实现总体性的同一；但对抗性则会把这种对立构建为一种非 A 和非 B 的关系，从而实现多元差异的综合。正是把这种对抗性纳入到现实的政治性目标中，奈格里指出，"现实就是政治的；但是因为是政治的，因而始终是正确的。因此真实必须作为一个目标为政治服务：只有一个真实性和真正的政治"④。相比之下，脱离政治现实而仅仅依靠逻辑论证的真理可能会导致抽象的乌托邦。因为"只有'实践上是真的'才

---

① 孔明安：《当代国外马克思主义新思潮研究——从西方马克思主义到后马克思主义》，中央编译出版社 2012 年版，第 567—568 页。

② 孔明安：《当代国外马克思主义新思潮研究——从西方马克思主义到后马克思主义》，中央编译出版社 2012 年版，第 569 页。

③ 孔明安：《当代国外马克思主义新思潮研究——从西方马克思主义到后马克思主义》，中央编译出版社 2012 年版，第 576 页。

④ ［意］奈格里：《〈大纲〉：超越马克思的马克思》，张梧等译，北京师范大学出版社 2011 年版，第 67 页。

有可能是真的"①。

　　基于矛盾与对抗的关系，奈格里认为，充分发展了矛盾的对抗性关系的目的是最终消灭敌人，而不是为了解决或者平衡矛盾，这是他进行激进政治研究的出发点。因此，不同于把社会关系的发展视为线性的规律、不同于在总体性的结构性话语中寻求矛盾的对立统一、不同于通过抹平对立关系中的差异去达到的同一的形式，对抗性运动在本质上表征着资本关系的断裂、矛盾对立的激化以及多元的差异共存。正是通过不断地否定矛盾关系、构建新的面向未来的非结构化的多元综合体系，对抗性才表达了一种不断地"再现"自身的过程，表现为对那种内含"多元"和"差异"的总体性进行的科学的理解和更新。"因而，这里没有线性的连续性，只有观点的多元性，这种多元性不断寻求对抗中的每一个决定性的时刻，在有节奏的研究中不断寻求叙述中的每一个跳跃，总是寻求新的叙述。"② 也就是说，对抗性总是作为当前阶段斗争的结果以及接下来新阶段的前提而存在的。

　　可见，对抗是通过开放的动态过程去不断否定当下的社会关系，同时自主地表达自身，并在这种关系发展的革命形式中去叙述和构建新的历史。正如奈格里在评价马克思关于对抗性的方法时所指出的，他"将具有能动作用的对抗性视为整个体系的基础。在这个基础中，对抗是社会体系发展的动力，这个基础意味着对抗在资本的历史进程中的不断重复出现。所有客观唯物主义也都消逝了：这种关系对于构建对抗的界

①　[意] 奈格里：《〈大纲〉：超越马克思的马克思》，张梧等译，北京师范大学出版社2011年版，中文版序言第3页。

②　[意] 奈格里：《〈大纲〉：超越马克思的马克思》，张梧等译，北京师范大学出版社2011年版，第31页。

限而言是开放的"①。于是，这种对抗性及其动态关系就成为打破当代资本主义关系的总体性结构的思想牢笼的一种新的革命形式。在这个意义上，反抗资本主义的斗争需要以主体的对抗性本质为开端。

---

① ［意］奈格里：《〈大纲〉：超越马克思的马克思》，张梧等译，北京师范大学出版社2011年版，第80页。

第三章　自治主体的生命政治运动

　　在奈格里看来，自治主体的力量就是它的主体性力量，这种主体性力量源自自治主体的内在性本质。而内在性是在本体论层面规定的，它表现为自治主体本身所具有的能力。从这一视角出发，无论是生产的共同性的能力，还是斗争的对抗性的能力，都是自治主体内在能力的表现。然而，有能力是一回事，将能力表达或者释放出来则是另外一回事。只有将这种内在性的能力释放出来才能达到它真正实践的目的。对于自治主体来说，自治运动就是其表达、释放其能力的途径。那么，这种表达自身能力的自治运动是在何种意义下进行的，它与资本逻辑内的生产劳动有何区别。这种自治运动所要达到的目标是什么。通过对这几个问题的思考，我们能够清晰地认识到自治主体的内在性力量转变为现实的方式，从而有助于对自治主体的实践能力及其变革资本统治的可能性做进一步的考察。

第一节　自治主体运动的前提

自治主体的运动是对其主体性这种内在力量的表达。而奈格里之所以能够将其研究转移到主体性之上，归根到底在于他对生命政治视域的关注。由此可见，对生命政治视域的关注在一定程度上构成了研究自治主体运动的关键。那么奈格里是如何理解生命政治的？奈格里的这种理解方式与传统生命政治的理解有何不同？生命政治如何为主体性及其自由的行动提供可能性？这不仅是理解奈格里生命政治思想的焦点，而且也是充分认识自治主体运动何以可能的前提。

一、生命权力与生命政治

在西方左翼的研究视野中，说起"生命政治"，必定离不开福柯。生命政治（biopolitics）不是福柯所创建的概念，但却是他使生命政治这一问题真正被学界所关注。正如意大利学者埃斯波西托所说的那样，"'生命政治'在当代思想中开辟了一个全新的阶段。自从米歇尔·福柯（Michel Foucault）重新提出和定义这一概念的那一刻起（他没有创造这个概念），政治哲学的整个框架就发生了深刻的变革"[①]。福柯将他对资本主义社会的规训权力的研究转到了控制生命的"生命权力"（biopower）之上，从而激活了生命政治概念的内涵。从福柯的理解来看，"生命政治，就是以生命权力为主导统治模式的政治，它高举着保卫社会、'正常化'社会的金字招牌，不仅着力于对身体的正常化（规范化），并且

---

① Roberto Esposito, *Bios: Biopolitics and Philosophy*, London: The University of Minnesota Press, 2008, p.13.

关注'人作为一个种族的生物性过程'，关注对生命的控制，降低随机性因素的侵袭，确保它们安全与正常"①。可见，在福柯意义上作为生命政治力量的生命权力与传统的那种施加于个体生命之上的、掌握人的生杀大权的政治权力是不一样的。因为传统的权力意味着使用暴力的形式来对生命进行惩罚，是一种如何"让人死"的"暴力—权力"的政治；而生命权力实际上是一种表征政治权力如何"治理"生命的一种关于"知识—权力"的"技术"。它不再是暴力的象征，而是代表了一种对生命进行控制的规范化进程，它通过一系列的规则来管理生命、控制人口，使之服从规范，从而去保障生命的安全。可见，它是一种更符合现代性理念的如何"让人活"的权力。"我们可以说，'让'人死或'让'人活的古老权力已经被'让'人活或'不让'人死的权力取代了。"② 在这个意义上，福柯的生命政治体现了政治哲学权力统治方向的转变。

不仅如此，在生命管理的技术职能方面，福柯的生命政治代表权力统治形式的变革和统治范围的深化。福柯指出，这种管理生命的权力从17世纪开始发展出两种主要形式："第一极是以作为机器的肉体为中心而形成的：如对肉体的矫正、它的能力的提高、它的各种力量的榨取、它的功用和温驯的平行增长、它被整合进有效的经济控制系统之中，所有这些都得到了显示出'规训'（les disciplines）特征的权力程序的保证。在此，'规训'就是'人体的解剖政治'。第二极是在较晚之后才形成的，大约在18世纪中叶，它是以物种的肉体、渗透着生命力学并且作为生命过程的载体的肉体为中心的，如繁殖、出生和死亡、健康水平、寿

① ［意］吉奥乔·阿甘本：《神圣人：至高权力与赤裸生命》，吴冠军译，中央编译出版社2016年版，译者导言第18页。
② ［法］米歇尔·福柯：《性经验史》，佘碧平译，上海人民出版社2002年版，第102页。

命和长寿，以及一切能够使得这些要素发生变化的条件；它们是通过一连串的介入和'调整控制'来完成的。这种'调整控制'就是'一种人口的生命政治'。肉体的规训和人口的调整构成了生命权力机制展开的两极。"①

第一极的"规训"与资本主义生产方式密切相关，是资本主义发展的一个必不可少的要素。它是"一种强制人体的政策，一种对人体的各种因素、姿势和行为的精心操纵"②。权力机制为了达到提高生产效率的目的，有意识地操纵人体按照它的某些指示和规定去进行特定行为的劳动，使之转变为适应机器体系的劳动，变成更能够促进生产效率的机器体系的一部分。但在这一过程，权力编排下的人体失去了他本身的自主能力，从劳动行为的支配者变为受权力支配的服从者。因此，资本的权力对人体的规训"既增强了人体的力量（从功利的经济角度看），又减弱了这些力量（从服从的政治角度看）。总之，它使体能脱离了肉体。一方面它把体能变成了一种'才能'、'能力'，并竭力增强它。另一方面，它颠倒了体能的产生过程，把后者变成一种严格的征服关系"③。可见，通过生命权力的规训，资本不仅把控着劳动者的生产行为，而且支配着劳动者的政治行为。

而另一极的"控制"则表现为规训程度的加深，它实现的是资本统治在横向和纵向的双重发展。在横向发展上，随着生命政治生产进入社

---

① ［法］米歇尔·福柯：《性经验史》，佘碧平译，上海人民出版社 2002 年版，第 103 页。
② ［法］米歇尔·福柯：《规训与惩罚》，刘北成、杨远婴译，生活·读书·新知三联书店 1999 年版，第 156 页。
③ ［法］米歇尔·福柯：《规训与惩罚》，刘北成、杨远婴译，生活·读书·新知三联书店 1999 年版，第 156 页。

会生活，权力统治也不再仅仅囿于资本的社会生产范畴，而是高升至一种社会生活的原则，"如福柯所述：'生活现在已变成……权力的目标。'这种权力的最高职能是层层包裹生活，它的基本任务是指导、管理生活。因此，在生态权力所指向的生存状态中，生活本身的生产和再生产已成为了权力追逐的猎物"①。事实上，在生命政治的词源学分析中已经体现了其涉猎范围向社会生活领域的偏移。能够表达生命"life"的有两个词："bios"和"zoē"。"zoē（近汉语'生命'义）表达了一切活着的存在（诸如动物、人、或神）所共通的一个简单事实——'活着'；'bios'（近汉语'生活'义）则指一个个体或一个群体的适当的生存形式或方式。当柏拉图在《斐莱布篇》中提及三种生活时，当亚里士多德在《尼各马克伦理学》中将哲人的沉思生活（bios theōrētikos）同享乐生活（bios apolaustikos）和政治生活（bios politikos）区分开来时，两位哲学家都不曾使用'zoē'一词（它在希腊语中意味深长，不具有复数）。这源于一个简单的事实：两位思想家所探讨的根本不是简单的自然生命，而是一种有质量的生活，生活的一种特殊方式。"② 由此观之，因为构成生命政治的词根之一是 bios，所以应当在 bios 的意义上去理解生命政治概念。也就是说，生命政治不单单包括"活着"，更为关键的是"生活"的含义，而且是好的生活、幸福的生活。这是作为"政治"的生活，是现代意义上的生命政治的基础，是政治层面的共同体的生活。正是在这个意义上，当代生命政治批判是对原本有质量的"生活"的当代困境的批判，在这一过程中，它实现了权力统治的范围的区域性

---

① ［美］麦克尔·哈特、［意］安东尼奥·奈格里：《帝国——全球化的政治秩序》，杨建国、范一亭译，江苏人民出版社 2008 年版，第 25 页。
② ［意］吉奥乔·阿甘本：《神圣人：至高权力与赤裸生命》，吴冠军译，中央编译出版社 2016 年版，导言第 3 页。

扩张。

在纵向发展上，奈格里、哈特和德勒兹都普遍认同隐藏在福柯著作中的权力形式发生了转变的观点，即权力形式由原本的"规训"权力深化为"控制"权力，从而促进了"社会形态从规训社会（disciplinary society）向控制社会（society of control）的历史过渡"[1]。其中，从同质化的视角出发，"控制"可以简单地表述为"规训"的强化和发展。但从异质化的角度来讲，这两种权力形式却形成了鲜明的对比。德勒兹在他研究福柯的专著 *Foucault* 中指出，规训"是一种纯粹的功能，它将一种特定的行为强加于个体的多样性之上，前提是在数量和空间的限制下这种多样性很单一。它既不考虑赋予职能目的和手段的形式（教育、照顾、惩罚、生产），也不考虑职能所作用的形式（囚犯、病人、学童、疯子、工人、士兵等）"[2]。而控制则是指在一个特定的多样性环境中管理和控制生命的多样性，前提是多样性是巨大的（人群），并且空间既广阔又开放。正是在这里，"使某事成为可能"才有了它的意义。可见，相比之下，规训形式适用于资本生产中剩余价值的同一性生产模式；而控制形式则更契合当代社会生活中共同性的多样性生产模式。在这个意义上，从"规训"向"控制"的权力形式转变导致了生命形式进一步地被操控，这构成了资本剥削加深的内在因素，同时也是对劳动的更深层次的异化——从生产劳动渗透到劳动本身，从占有生产领域到占领整个生命。

可见，福柯提出的生命政治概念与后现代社会资本统治权力的特性是相契合的。由此，福柯的生命政治批判就是对后现代资本主义社会权

---

① ［美］麦克尔·哈特、［意］安东尼奥·奈格里：《帝国——全球化的政治秩序》，杨建国、范一亭译，江苏人民出版社 2008 年版，第 24 页。

② Gilles Deleuze, *Foucault*, London: University of Minnesota Press, 1988, p.72.

力结构的批判。然而，福柯的这种批判的出发点是把生命政治视作一种掌控生命的权力，即从权力统治生命的视角出发对统治形式的批判。这与西方马克思主义以资本为主体去批判资本的视角是相同的。而这种从对权力统治的理解出发去批判权力，是无法超越权力统治本身的。奈格里指出："福柯的注意力主要集中在操控生命的权力上——或者说，管理和生产生命的权力——这种权力通过人口的管治而得以运作，如管理他们的健康、在生产能力等。但总是存在一股暗流，坚持将生命视为反抗力量，视为追求另类存在的生命的另一种力量。反抗的视角让这两种权力的差别得以昭示：我们所反抗的生命权力在本质或形式上与生命本身的力量截然不同，后者是我们保护与追求自由的基础。为了区别两种'生命的权力'，我们根据福柯本人的著作，采纳了生命权力与生命政治（biopower & biopolitics）这一对概念——虽然福柯本人并没有坚持这种用法，前者可以（粗略）定义为掌控生命的权力，后者是生命本身的力量，可以反抗并寻求主体性生产的另类模式。"[①] 正是对生命政治这种反抗能力的认识构成了自治主体运动何以可能的前提。

二、识别生命政治的"事件"特征

奈格里指出，事实上，并不是福柯本人没有注意到生命反抗权力的存在，他也在致力于尝试提出与统治权力相异的他者权力，而是学界在对福柯的主流研究中没有完全注意到他作出的对生命政治的双重阐释。这些学者要么只从福柯的文本中得到了他关于掌控生命权力的生命政治图式，只进行微弱的批判和道德谴责，而没有看到反抗的权力，如埃斯

---

① ［美］迈克尔·哈特、［意］安东尼奥·奈格里：《大同世界》，王行坤译，中国人民大学出版社 2016 年版，第 36 页。

波西托；要么认为只有在极端特殊的情况下才能发现反抗的存在，从而使一般意义上的生命政治变得毫无力量，排除了反抗行动的可能性，如阿甘本。奈格里认为，"在我们看来，所有这些阐释都没有抓住福柯生命政治理念的真正意蕴。我们的解读不仅将生命政治视为在地化生命的生产性力量——例如，伴随身体与欲望的社会合作与互动——所产生的感受和语言，自我和他人关系所产生的新的范式，等等，同时我们也认为，生命政治是新的主体性的创生，这既是反抗，同时也是去主体化（de-subjectification）。如果我们依然局限在对福柯文本的文献学分析，我们就会错过关键问题：他对生命权力的分析不只是一种经验性的描述，指出权力如何通过主体而运作并围绕主体而运转，同时意在阐发另类主体生产的潜能所在，因此辨别了本质上有所不同的权力形式。这一点可以从福柯的如下论述中推导出来：自由与反抗是使用权力的前提所在"[①]。

按照奈格里对生命政治的理解，生命政治代表了生命的主体性生产和创造的力量，而这种生命的主体性具有自由和反抗的特性，这种特性不仅使生命本身不被权力所决定，而且是先于权力的统治而存在。奈格里指出："与生命权力相反，生命政治首先具有事件（event）的特征，'自由的不妥协'扰乱了规范系统。"[②] 在这里，奈格里把生命政治同"事件"联系起来，来说明他理解的生命政治在何种意义上代表了主体性的创造本质。事件是整个现代哲学思想中一个重要的概念，尤其是当代的一些著名的法国思想家如德勒兹、福柯、德里达、巴迪欧都探讨过这

---

① [美] 迈克尔·哈特、[意] 安东尼奥·奈格里：《大同世界》，王行坤译，中国人民大学出版社 2016 年版，第 37 页。

② [美] 迈克尔·哈特、[意] 安东尼奥·奈格里：《大同世界》，王行坤译，中国人民大学出版社 2016 年版，第 37 页。

一概念，他们都普遍承认事件所代表的最基本特征——关于"断裂"的思想。从汉语的常识意义上来理解，事件就是一件事，它只代表了一个孤立的名词。但在哲学的话语中，事件则代表了一种动词的含义，它表达的是一种例外的、偶然状况的发生、一种关系的断裂、一个序列的转变，它的出现破坏了历史的连续性以及原本存在的秩序结构，这是对事件概念的普遍理解。福柯在此基础之上还强调"事件的生产与生产性"，即事件对历史的创生性作用。而奈格里之所以引入事件概念来解读生命政治，就是因为事件所代表的这种非历史的、自由、生产性的特征。它一方面表达了生命政治的主体性不受权力统治的自由本性，另一方面还表达了其对权力统治的历史破坏以及创造新的历史的潜能。由此，奈格里指出："事件，以及激发事件的主体性，构建了历史，并赋予历史以意义，这就取代了将历史视为由确定原因所决定的线性进步进程的观点。认识到事件与真理之间的关系，我们就可以将相对主义的控诉弃之一边，这通常是对福柯生命政治的指控。同时，认识到生命政治也是事件，我们就可以将生命理解为由建构性行动所编织的织体。"[①] 可见，从作为事件的生命政治去理解生命，为生命的主体性及其自由的行动提供了可能。

第二节　自治主体的运动策略

共同性作为自治主体生产的前提和结果，是自治主体的集体力量的

---

① 　［美］迈克尔·哈特、［意］安东尼奥·奈格里：《大同世界》，王行坤译，中国人民大学出版社 2016 年版，第 38 页。

体现。然而，在当代资本主义新的剥削形式下，共同性成为资本剥削的对象。资本不仅无偿占有它参与的物质生产过程中的剩余价值，而且将它的占有范围扩展到生产共同性的社会生活领域，从而实现了对全部社会生命的占有。在这种社会生命被资本剥削的新环境下，反抗资本的运动不能仅仅停留在传统的生产领域，而是应该在生命政治领域中寻求反抗的力量与方式。反抗不仅是对反抗主体的力量的确证，而且是资本主义向前发展的关键。那么反抗如何进行？反抗运动的具体策略是什么？这是需要解决的问题。

一、"共同性"与"出走"

到目前为止，我们已经认识到了诸众与资本之间的对抗性关系，也认识到了诸众反抗资本主义所具有的主体内在的对抗性本质。哈特和奈格里指出，"辨别这些新的对抗形式和它们所提供的替代方案将是我们在这项研究中的主要关注点"①，那么诸众将会以什么样的形式去实现反抗，这构成了哈特和奈格里深入研究诸众的对抗形式的重点。诸众是一个阶级概念，而阶级又是以阶级斗争的形式呈现的，那么诸众在反抗资本主义的过程中必然会采取某种斗争形式。哈特和奈格里用"出走"（exodus）② 来表示这种诸众斗争的新形式。"生命政治语境下的阶级斗争采取出走的形式。我们所谓的出走，是通过实现劳动力潜在自主性的方式从与资本的关系中退出（subtraction）的过程。因此，出走不是拒绝生命政治劳动力的生产力，而是拒绝对生产能力日益强加的制约因素。这是生产能力的表现，通过穿越资本社会关系的豁口而逾越与资本

---

① Michael Hardt, Antonio Negri, *Labor of Dionysus*, Minneapolis: University of Minnesota Press, 1994, p.15.

② 自 exodus 翻译而来，在其他文献中也常被译作"出离"。

所结成的关系。"① 然而，从资本的关系中退出并不意味着逃离资本的范围而走向其他非制约关系。如果是这样的话，出走只是单方面的逃离，并不涉及阶级斗争的范畴。阶级斗争的目的是变革社会关系，而不是远离社会关系。事实上，哈特和奈格里意义上的"与资本的关系中退出"的目的是为了脱离资本对生产的控制，从而能够最大限度地发挥主体的自主性创造能力，建构新的生命形式，进而改造现存的生产关系和社会关系，实现变革资本主义的目的。

很明显，出走的斗争策略与传统的阶级斗争形式是不同的。传统的阶级斗争源自社会生产关系的内在矛盾，源自历史的客观性因素导致的生产关系的所有制危机。在这种境遇中，阶级斗争的主体并不能展现出自身作为主体所具有的能力，无法发挥主体的创造本性，它只是作为某一特定历史发展阶段的阶级斗争的承担者出现。而出走的斗争策略"实际上并不看重由客观历史过程所发展出来的内在矛盾，而是更看重由活劳动的形式所表现出来的主体维度上的变化。也就是说，哈特和奈格里与其说在关注传统意义上的经济或政治变迁历程，还不如说在关注主体维度上的转变"②。这种关注视角的转变为考察诸众与资本的关系提供了新的视域，它直接导致阶级斗争形式的转变。

事实上，出走虽然是一种阶级斗争形式，但是它并不代表直接的暴力斗争。哈特和奈格里指出，那种通过直接打碎国家机器、推翻旧制度的权力统治的革命虽然可能发生，但只有在达到一定条件下，这种可能性才会实现。"如果我们认为诸众已然形成，并且不仅肃清了等级制和

---

① ［美］迈克尔·哈特、［意］安东尼奥·奈格里：《大同世界》，王行坤译，中国人民大学出版社 2016 年版，第 112 页。

② 唐正东：《出离：生命政治生产中的抵抗形式——对哈特和奈格里的阶级斗争观的一种解读》，《山东社会科学》2014 年第 1 期。

现有社会的腐败，还能够管理共同性的杂多性，让他们自由平等地相互协作，简言之，民主社会已然达成，那么这些也许真的就足够了。果真如此的话，也许摧毁权力结构的起义事件就足够了。"①然而现实情况是，这种完善的革命条件在当代资本主义社会中并没有达到，我们不仅仍然身处在资本权力维护的等级制的社会关系中，而且作为自治主体的诸众也没有发展到能够自由地合作的阶段。诸众的形成并不是一蹴而就的，它也不是由外在力量的推动而形成的，诸众是通过生命政治劳动的主体性生产而进行的自我建构，而这种自我建构是一个过程的产物。因此，我们当前的任务应该是在这种非完满的、现实的困境中进行反抗和斗争，从而不断地改造和发展革命主体的力量，而这是一项需要长期坚持的革命任务。在这个意义上，哈特和奈格里指出，革命"不只是毁灭事件，也是漫长持久的改造过程，并最终创造出新的人性。这就是过渡问题：如何将起义事件扩展为解放和改造的过程"②。

在当代资本主义社会中，这一个改造的过程内含着诸众对资本权力的持续对抗。这种对抗来源于资本对诸众创造的共同性的剥削，它剥夺了主体及其行动的能力。在这种情况下，我们需要做的只能是从主体的生产性和对抗性出发，持续不断地塑造诸众自身及其共同性力量，从而在这一过程中打破统治我们的权力关系，并抛弃再生产我们作为被奴役者的那种社会关系。哈特和奈格里指出："只有建基于共同性——既能够进入共同性，也能够利用共同性——的出走才有其可能，而资本主义社会似乎想要通过对生产资料甚至社会生活的方方面面进行私有化来消

① 〔美〕迈克尔·哈特、〔意〕安东尼奥·奈格里：《大同世界》，王行坤译，中国人民大学出版社2016年版，第254页。
② 〔美〕迈克尔·哈特、〔意〕安东尼奥·奈格里：《大同世界》，王行坤译，中国人民大学出版社2016年版，第254页。

除或者掩盖共同性。"① 可见，诸众的斗争是基于共同性的斗争。共同性作为当代生命政治生产的前提和结果，既展现了诸众的主体性生产和自我改造的能力，也展现了其逾越资本的体制和固定秩序的反抗能力。这为诸众在政治领域中的自治明确了最终方向。而且，不仅诸众需要生产和扩张共同性，资本也需要剥削共同性作为其新的积累对象。奈格里指出，"任何社会制度都依赖共同性，并且实际上通过其所利用、组织和创造的共同性而得到规定"②。正是因为在当代资本主义社会中，共同性如此重要，因此，对共同性领域的争取成为诸众反抗资本统治的主要战场。在这个意义上，出走的目的就是为了更好地建立和发展共同性。

二、"腐化"与"出走"

在资本的统治下重新占领共同性就是诸众出走的目的和意义所在。出走的目的与构建共同性的策略联系起来，表达出一种切实的政治斗争形式，而非远离斗争单方面的逃亡。正如哈特和奈格里所说："出走并不意味着作为赤裸生命离开，赤身裸体，身无分文。不，我们需要拿走我们的果实，这就意味着对共同性——我们过去劳动的成果，以及未来的自主生产和再生产的资料——进行再占有。这里就是战场。"③ 诸众的出走是通过"实现劳动力潜在自主性的方式从与资本的关系中退出"，这种退出的含义是在主体的自主性生产中脱离资本对生产的控制。事实

---

① ［美］迈克尔·哈特、［意］安东尼奥·奈格里：《大同世界》，王行坤译，中国人民大学出版社 2016 年版，第 112 页。

② ［美］迈克尔·哈特、［意］安东尼奥·奈格里：《大同世界》，王行坤译，中国人民大学出版社 2016 年版，第 116 页。

③ ［美］迈克尔·哈特、［意］安东尼奥·奈格里：《大同世界》，王行坤译，中国人民大学出版社 2016 年版，第 119 页。

上，共同性即使在生产之后，也容易被资本侵蚀，从而造成共同性的腐化。未被腐化的共同性起着促进性的积极作用，能够增强诸众的共同的力量，从而有益于诸众的生命政治再生产；但被腐化的共同性则会削弱主体的力量，甚至对生命政治生产起阻碍作用。这就需要我们对共同性进行甄别，趋向正能量的共同性。而"出走就需要一个拣选的过程，从而将共同性的有利形式最大化，将有害形式最小化，也就是说，要对抗腐化。"① 那么共同性的腐化在何种情况下会出现，出走如何对其进行拣选？

在哈特和奈格里看来，资本主义社会对共同性的腐化形式主要在三个机构中体现出来：家庭、企业和国家。虽然这三个机构都能够生产共同性，但同时又限制并腐化了共同性。首先，家庭是生产共同性的最主要机构，因为家庭是"分享集体的社会经验、协作性劳动的组织，以及表现关爱和亲密关系的场所"②。在这个意义上，家庭为共同性的生产提供了前提。但与此同时，家庭还通过强加的等级制、规约和性别规范扭曲并腐化了共同性。家庭中不仅存在父权制这样的结构（如孩子普遍听命于父亲），还存在着由性别等因素造成的不同的劳动分工（女性普遍负责家务），这是造成家庭中共同性腐化的主要因素。在这一情况下，家庭中共同性的生产和再生产无法在平等和自由的层面上进行。其次，企业是能够腐化共同性的另一场所，企业的腐化直接衬托了资本对共同性的剥削过程。企业之所以重要，是因为对于当代资本主义社会的人来说，除了家庭之外，企业的工作场所是人类耗费其生产能力最多之

---

① ［美］迈克尔·哈特、［意］安东尼奥·奈格里：《大同世界》，王行坤译，中国人民大学出版社 2016 年版，第 116 页。

② ［美］迈克尔·哈特、［意］安东尼奥·奈格里：《大同世界》，王行坤译，中国人民大学出版社 2016 年版，第 117 页。

处，它为人类与他人进行沟通、协作和生产共同性提供了稳定的生产环境。但同时，企业中的人通过与他人的社会协作创造出的共同性被企业这种资本主义本质的机构强行束缚和剥削了，从而造成了对共同性的腐化。最后，国家也是造成共同性受到腐化的社会机构。事实上，从古希腊城邦制度开始，公民通过参与广场的集会来参与政治，而广场就是人们可以自由、公开地表达自己的意见并与他人商讨的场所，在共同性的意义上来看，这也是共同性产生的地方。而到了现代西方国家，其内部的公民能够实现集体性的社会、经济、文化和政治的协商与表达，在这个意义上，国家是创造了巨大共同性的场所。但在西方国家内部，共同性同样要受到各种因素的制约，因为西方国家设置的一些法律法规，具有维护私有财产的性质，而私有财产属于个人财产，这直接导致共同性的私有化。另外，国家倾向于构建人民这个同一体来实现自身的统治，从而排斥或者压制了那些不同的身份，这在一定程度上造成了对共同性的腐化。

哈特和奈格里看到了家庭、企业和国家对于生产共同性的基础作用，但它们同时也是共同性被腐化的主要场所。基于此，他们指出，"尽管有所反感，但我们还是应该记住，家庭、企业和国家关涉并动员共同性——尽管是以腐化形式，因此为诸众的出走提供了关键资源。所有这些机构提供了生产性协作的网络、开放的财富资源以及交往圈，这些既激发了共同性的欲望，同时又摧毁了后者。诸众必须逃离家庭、企业和国家，但同时又要在他们所激发的共同性承诺的基础上重新建造"①。而出走的形式就是游离在资本主要的腐化形式之外，同时又致力

---

① ［美］迈克尔·哈特、［意］安东尼奥·奈格里：《大同世界》，王行坤译，中国人民大学出版社 2016 年版，第 119 页。

于构建主体的共同性的方式，在这个意义上，它构成了主体的自主性生产以及阶级斗争的首要形式。

第三节　自治主体的运动目标

哈特和奈格里揭示了诸众在当代帝国式主权统治的环境中与资本进行对抗的关系，提出了诸众基于共同性的出走的斗争策略，从而阐明了当代资本主义客观条件中革命的主体、主体的能力、主体对抗性本质及其行动策略的问题。那么在这样前提下，革命的阶级斗争所通向的解放道路会以何种形式呈现出来？针对这一问题，哈特和奈格里指出，"我们会考察诸众的运动和实践曾经怎样、有何潜能，以便去探索未来全球民主可能呈现的社会关系和制度形式"①。可见，实现"全球民主"构成了二者共同的目的指向。然而，民主概念早在启蒙运动时期就已经提出，并且早已广为人知。但在现实情况中，普遍的民主却并没有在全球范围内实现，那么哈特和奈格里的全球民主是一种什么样的民主形式？它如何能够实现？

一、统治阶级的合法性工具与民主的困境

事实上，自启蒙运动以来，民主概念就受到普遍的认同。资本主义发展到今天，到处都充斥着实现民主的意识形态及其实践。但吊诡的是，民主口号的高扬、民主制度的确立却并没有带来民主的真正实

---

① ［美］迈克尔·哈特、［意］安东尼奥·奈格里：《大同世界》，王行坤译，中国人民大学出版社 2016 年版，序言第 2 页。

现。相反，民主似乎离我们越来越远，自由、平等等人本身的权利似乎更加不属于我们，反而需要通过不断的斗争才能获得或者说暂时地享有，这凸显为民主概念的理性与现实之间的矛盾。因此可以说，到目前为止，民主这个概念既老又新、既简单又复杂、既显而易见又模糊不清。

针对这一问题的原因，拉米斯（Douglas Lummis）认为，是由于对民主真实意义理解的混乱造成的。他指出，这种混乱表现在两个方面：第一，"虽然民主的本义是指人民拥有主宰自己生活的权力这样一种状态，但它却逐渐被重新定义为一套制度，这套制度可以帮助人民赢得和拥有这种权力"①。因此，人民就将这种"民主"等同于他们自己那套政治制度，这也是民主从人的权力本身变成政治制度权力的结果。第二，以第一种表现为基础，人民普遍相信"平等的理念只能适用于政治领域，不适用于经济领域。在经济领域，自由就是自由市场，以至于任何通过把资本置于政治控制之下的方式来矫正自由市场所产生的不公正和不平等的做法都被看作非民主的甚至是独裁的。在这种世界观的指导下，人们很难理解到经济体系本身也能成为一个权力体系，在这种体系之下，人们比如工人被一种非民主的方式所统治"②。可见，民主在政治和经济层面都造成了混乱的理解，由此导致了对民主及其本质的误认。针对这种民主所在的境遇，拉米斯认为，我们"应该回归到民主的原意——人民的权力上去。我们应将这个词从那些行使国家权力的人手中夺回，将它归还给人民。我认为，不应该将民主看作一个已经建立的制度性的权

---

① [美]道格拉斯·拉米斯：《激进民主》，刘元琪译，中国人民大学出版社 2016 年版，中文版序第 1 页。

② [美]道格拉斯·拉米斯：《激进民主》，刘元琪译，中国人民大学出版社 2016 年版，中文版序第 1—2 页。

力体系，而是应看作'一项还有待实现的承诺'"①。因此，拉米斯对民主的期望并没有随着民主被政治权力占有而消失，相反，他意图通过别的方式来重新实现民主本身。

具体来说，民主本身是一种直接的民主，但是现在已经成为统治阶级论证自身合法性的有力工具。首先，在资本主义社会中，统治阶级强调人民直接参与决策，在这种安排中，某些人通过争取人民选票取得做决定的权力。由此，代议制民主便取代直接民主成为资产阶级社会的主流政治制度。而这种资产阶级社会的代议制民主只是一种形式上的民主，这种民主形式，彻底悬置了财产权和经济平等，充当着统治阶级合法性论证的工具，因此必然带有虚假和片面的特征。可见，在资本主义内部直接实现的形式民主是无法达到真正的民主的。其次，现实社会主义的失败打破了通过资本主义到社会主义的转变就可以达成真正民主的逻辑。这是因为，与资本主义相比，社会主义只是换了一种统治的模式，而且在很大程度上只是经济上财产模式的改变。在民主问题上，位于资本主义之后的社会主义依然是一种统治制度，并没有将所有权力交还给人民。但是，这并不意味着，社会主义对于民主的实现没有意义。相比于资本主义剥削和压迫工人所产生的不平等、不自由的这种显性的不民主，社会主义毕竟在经济上赋予了工人支配自己生活的权利，它实现的是经济领域的民主化。因此，如果把社会主义看作一种手段，把民主看成目的的话，社会主义只是通向民主的一种方式，如果这种方式没有带来所期望的目的，即真正的民主的实现，这并不能否认民主本身，它只是意味着要寻求别的新的方式。

---

① 〔美〕道格拉斯·拉米斯：《激进民主》，刘元琪译，中国人民大学出版社 2016 年版，中文版序第 2 页。

二、"人民"的民主与无法实现的民主

民主向真正民主复归的表现形式，就是一种激进的民主政治。而这种激进的概念，其核心要素就是彻底的、根本性的批判。事实上，现代民主思想大致可以分成两种批判的类别：第一种批判是站在理性主义的角度之上来与资本主义争夺理性的统治权，这时的批判主要集中在对民主的伦理、价值以及人道主义的意蕴之上；第二种批判主要是以资本统治的权力为对象，通过对这种权力的否定以及对抗性运动达到对权力的批判并构建一种替代权力的力量。很明显，激进民主思想隶属于第二种批判的范畴。从这种批判的范畴出发，可以说，激进民主思想是一种反本质主义，这种反本质主义是通过偶然而非必然的对抗性的实践来达成的，与必然的历史以及本质的形式无关。正如墨菲所说，"激进民主政治并不是建立在任何'社会本质'的武断假定之上，而是对偶然性、所有'本质'的模糊性、社会分工和对抗的构成性特征的一种确证"[1]。

从这种激进民主的内涵出发，奈格里指出了激进民主思想与当代主权形式的关系。他认为，"在现代占主导地位的民主观念从一开始就和民族国家紧密联系在一起"[2]。但在全球化的视野下，当代的全球化组织形式已经变成了帝国，而帝国本身就是"继民族国家的主权之后接踵而来的一种新型的主权"[3]。可见，在奈格里的视野中，当代资本统治的主权形式

---

[1] ［英］尚塔尔·墨菲、颜岩：《共产主义还是激进民主?》，《马克思主义与现实》2013 年第 2 期。

[2] ［美］麦克尔·哈特、［意］安东尼奥·奈格里等著：《控诉帝国》，肖维青译，广西师范大学出版社 2004 年版，第 167 页。

[3] ［美］麦克尔·哈特、［意］安东尼奥·奈格里等著：《控诉帝国》，肖维青译，广西师范大学出版社 2004 年版，第 168 页。

已经从"民族国家"过渡到"帝国"。在这种新的主权形式下，帝国声称它能代表全球各族人民，在这个意义上，它具有了民主制的特征，对于实现普遍的民主具有重大的意义。但奈格里马上就对此进行了澄清，他认为在帝国之前未曾实现的民主，在帝国之后更加不可能实现。

奈格里区分了民族国家和帝国的主权形式与民主的内在关系，意图以此来说明为何民主在帝国前后的任何主权形式中都不能实现的原因。一方面，在民族国家的主权形式中，民主是建立在界限分明的国家空间之中的，主要体现了民族国家内部依赖于国家主权形式的各种代议制结构，这种代议制国家制度当中被代表的是"人民"，而被"代表"的人民并不是人民本身。也就是说，现代国家的这种代议制的主权形式表面上呈现的是一种大众具有统治权的形式，好像真正的统治权来自人民，但事实是，这种人民的统治权只是被混淆的国家的统治权，是由至高无上的国家代替真正的人民来行使本该属于人民的权力。奈格里指出，这时的人民不是作为普遍自由的人民的个体存在的，而"是一个整体，这一点已经为霍布斯和整个现代传统所不厌其烦地多次指出。只有作为一种同一性、一个统一体，人民才可能具有至高无上的统治权"①。与此同时，建构这种人民的整体的关键就是"代表"，这种"代表"机制是同国家的政治制度相关的，因而它是国家内部的一种主权权力，以此为前提，被代表的人民才具有了合法性的依据。但是这种合法性本身已经是超越了人民权力之上的特殊权力，以这种特殊的主权权力去规划人民自身的权力，真正民主的实现就只能处在混乱当中。

在民族国家的主权形式内，人民以"代表"形式作为整体而出现。

① ［美］麦克尔·哈特、［意］安东尼奥·奈格里等著：《控诉帝国》，肖维青译，广西师范大学出版社 2004 年版，第 170 页。

但是在通向帝国的过程中，民族国家的空间失去了它的确定性而变得相对化和摇曳不定。这时的民族国家的界限已经无法确定，在这种情况下，代表人民就变得更不可能。试想一下，一个没有固定空间和疆域的群体如何能够确立一种政治尺度，从而去实现代表的含义。这时，这种原本在民族国家之内能够被"代表"的人民由于无法形成一个统一的整体，因而将不复存在。因此，作为人民权力的民主由于人民被忽略了，自然也将无法达成。奈格里指出："在帝国时代，民主就不仅是未曾实现的，而且事实上也是不可能实现的。"①

三、激进民主与真正的民主

那么，在这种主权形式从民族国家发展到帝国的过程中，如何重新追寻实现民主的可能？奈格里指出，我们只能去"探求各种新形式的民主——这些形式要么是非代议制的，要么是与以往不同的代议制——旨在发现一种与我们所处的时代相称的民主"②。奈格里通过对人民定义的契约行为的分析，提出了一种适应当前时代的"多数人"的民主思想。而这种多数人的承担者，就是诸众。首先，奈格里指出，人民之所以在现代政治理论中以一种整体的统一形式出现，归根到底在于人民被资产阶级社会当作缔结社会契约行为的产物，这个契约行为以强制的方式完成对人民内部多元差异的彻底否定。然而，根据卢梭在《社会契约论》中关于契约的定义，人民通过契约结合在一起，本应"使得每一个与全体相联合的个人又只不过是在服从其本人，并且仍然像以往一样地自

① ［美］麦克尔·哈特、［意］安东尼奥·奈格里等著：《控诉帝国》，肖维青译，广西师范大学出版社 2004 年版，第 173 页。

② ［美］麦克尔·哈特、［意］安东尼奥·奈格里等著：《控诉帝国》，肖维青译，广西师范大学出版社 2004 年版，第 173 页。

由"①。但代表制度实现的人民的统一形式并没有给个人留下空间，它否定了每个人之间的差异。这种制度实现的只是对契约的集体权利的占有罢了。因此可以说，这种契约行为是被歪曲的。其次，根据契约的内部关系，由契约构建起来的人民在遵守这一契约的过程中应该是平等的。然而，事实上，我们正生活在不平等、充满了等级制的社会当中。从这一现状来看，人民之间的契约似乎成了一种玩笑。奈格里评价这些在契约关系内的平等、正义等概念时指出，这些概念"只不过是助最孔武有力者为虐而已"②。

奈格里之所以要提出与我们时代相适应的民主，归根到底在于时代环境的变化，他指出："契约主义、人民和资本主义的功能在过去之所以会起作用，是因为那时的劳动、需求和欲望都是那般简陋不堪，它们对资本唯马首是瞻。但是，今天情况千变万化，远非昔日可比。我们自身闻所未闻的智力和合作精神在交互起作用：我们是人数众多的权力无边的主体，是人数众多的智力非凡的巨人。"③ 由此，奈格里把对民主思考的焦点从人民转移到了"多数人"上面。与之前的人民相比，首先，多数人是反对"代表"的，因为人民通过代表形成的是统一体，这正好与没有界限、充满差异的多数人的规定性相悖。多数人建立的并不是那种同一、同质的社会体；相反，多数人是生命的肌体，内在代表生命本身的力量。"这种力量是生命存在的元素形式，它是一种富有想像力和创造性的力量，它构成了抗衡权力的力量源泉，并不断朝向生命的完满性

---

① ［法］让-雅克·卢梭：《社会契约论》，何兆武译，商务印书馆 2003 年版，第 19 页。
② ［美］麦克尔·哈特、［意］安东尼奥·奈格里等著：《控诉帝国》，肖维青译，广西师范大学出版社 2004 年版，第 174 页。
③ 参见［美］麦克尔·哈特、［意］安东尼奥·奈格里等著：《控诉帝国》，肖维青译，广西师范大学出版社 2004 年版，第 174 页。

去运动。"① 其次，多数人通过确立非物质的劳动力的霸权地位和有合作精神的活劳动而对生产方式所进行的彻底改进，形成了生命政治生产意义上的革命，它打破了为资本主义积累的传统形式，实现的是一种斯宾诺莎式的"绝对民主"，这里"绝对"的意思是说它"没有疆界，不可度量"②，与对多数人的定义相适应。但却与拉克劳和墨菲对于"绝对"的理解恰好相反，后者把"绝对"理解为一种固定而非对抗的状态。

　　可见，奈格里提出了一种多数人的、绝对的激进民主的政治策略，并以新的非物质基础为起点，在生命政治视域下指出了民主的新形式。然而，奈格里认为，这种激进或革命的民主政治"只能主要关注它所不是的那些东西。它不再是依赖于'国家'这个概念的某个东西(与此相反，它日益显得是借助反对国家的斗争而得到确定的)"③。也就是说，奈格里的激进民主政治在内核上是以否定性和批判性为基础的，它关注"不是"的东西，而不是去寻找一种"是"的确定性，这也正是激进民主之合理性所在。激进民主是借助斗争来不断实现的批判和重构的过程，这正是诸众在其阶级斗争中通过不断构建自身并反抗资本权力的过程。它不能指向一个确定的结论，一旦确定了一种政治或策略，它本身就不再激进，而是变得保守了。就像马克思指出的共产主义是一种通向共产主义的道路而非一种确定的共产主义社会一样，它不是某一时刻的某一个确定性的点，而是一种不断通向未来的过程。

---

① [美]麦克尔·哈特、[意]安东尼奥·奈格里等著：《控诉帝国》，肖维青译，广西师范大学出版社 2004 年版，第 180—181 页。

② [美]麦克尔·哈特、[意]安东尼奥·奈格里等著：《控诉帝国》，肖维青译，广西师范大学出版社 2004 年版，第 182 页。

③ [美]麦克尔·哈特、[意]安东尼奥·奈格里等著：《控诉帝国》，肖维青译，广西师范大学出版社 2004 年版，第 176 页。

第四章　自治运动与资本主义界限

　　自治运动是自治主体能力的释放，是内在性力量的表达，那么从这种内在性力量出发是否具有变革资本主义社会的可能性？在哈特和奈格里看来，自治主体在生命政治视域下展现出了主体生产的自主性，这是作为主体对抗资本的力量源泉。以这一力量为基础，自治主体可以通过从资本的关系中出走的斗争方式去争取一种激进的民主政治的目标。自治主体的力量、内在本质、运动方式以及运动目标代表的是自主主体在理论上所具有的能力，但是对自治主体能力的论述却并没有揭示出运动与资本主义的关联。因此，本章所要阐释的就是自治主体与资本主义社会的关系问题，探究自治运动在何种意义上能够超越资本主义，即自治运动变革资本主义社会的可行性问题。

　　在资本主义社会中，资本积累是资本逻辑运动的根本目的，这种积累在资本逻辑的范畴内表现为资本价值增值的逻辑，寻求价值增值的逻辑构成了资本的价值规律。而价值在量上的增加只是资本价值增值规律的外在表现，这种增值之所以可能是由于资本对生产劳动的剥削。因为，劳动才是价值创造的源泉，在这个意义上，资本对劳动的剥削构成了其财富增值的本质。资本控制生产、剥削劳动在根本上源自资本内在的权力机制的把控，资本的权力机制构成了资本逻辑运行的保障。而资本的权力之所以要保障资本逻辑的运动而不是别的，归根到底在于，资本的私有财产制度才是资本权力统治的根基。可以说，资本的价值增值的规律、对生产劳动的剥削、权力制度的保障以及私有财产根基构成了资本统治的根本原则。由此，自治主体的运动在何种意义上能够刺破资本统治的界限，需要到其与资本的统治原则的对抗中去寻求。

第一节　逾越资本价值增值的逻辑

资本的价值增值是资本逻辑运动的趋向，在社会层面，它体现为社会财富的增加，由此构成了资本积累这一终极目标的内涵逻辑。在马克思所批判的资本主义社会中，价值并不是作为人的自由的创造性的展现，不是作为可用性的使用价值而存在，而是仅仅体现为交换价值。这一标准将资本主义社会构建成一个以交换价值为目的的价值世界。从这样一种价值观念出发，人的存在方式及其现实的社会关系都被转换成价值规律和价值关系。可以说，获取交换价值作为价值增值的目标和基础构成了资本主义发展自身的固有逻辑，它是资本对人及其社会关系统治的根本形式。在这个意义上，变革资本主义社会首先就是要逾越资本价值增值的固有逻辑及其内在的价值规律。

一、认清交换价值的价值规律

马克思对资本主义价值规律的分析是从对商品的分析开始的，他从商品的二重性出发，认为商品具有使用价值和交换价值。在马克思看来，"资本主义生产方式占统治地位的社会的财富，表现为'庞大的商品堆积'，单个的商品表现为这种财富的元素形式"①。可见，商品的积累表现为社会财富的积累，即资本积累的形式。从这一观点出发，作为决定商品本性的使用价值和交换价值就构成了理解资本财富积累的根本形式。商品之所以称为商品而不是产品，是因为它相比于产品更加强调"交换"这一属性。交换并不只代表商品二重性中的交换价值，事实上，任何交换价值都是以使用价值为前提的。尤其是在社会的原始发展时期，使用价值才是商品的主要属性，它体现的是人与人之间内在的社会关系。这时，交换价值只是作为一种衡量使用价值的手段出现。然而，在资本主义社会中，使用价值和交换价值在商品的地位中发生了彻底的颠倒，追求交换价值成了衡量商品价值的唯一标尺。相对地，使用价值则完全退入了交换价值的阴影之中，甚至在一些特殊的情况下，具有巨大交换价值的商品可能会没有任何使用价值。在这一阶段，交换价值从手段变成了目的，它改变了人与人之间原本的社会关系。由此，对交换价值的寻求构成了资本的价值规律。

马克思认为人类社会发展要经历三个阶段："人的依赖关系（起初完全是自然发生的），是最初的社会形式，在这种形式下，人的生产能力只是在狭小的范围内和孤立的地点上发展着。以物的依赖性为基础的人的独立性，是第二大形式，在这种形式下，才形成普遍的社会物质变换、全面的关系、多方面的需要以及全面的能力的体系。建立在个人全面发展和他们共同的、社会的生产能力成为从属于他们的社会财富这一基础上的自由个性，是第三个阶段。第二个阶段为第三个阶段创造条

---

① 《马克思恩格斯全集》第 23 卷，人民出版社 1972 年版，第 47 页。

件。"① 马克思对社会形式的划分不仅表达了人与人的关系、人与物的关系及其发展的趋势，而且这一过程中蕴含着人的价值追求从使用价值到交换价值的转变。人的关系最初表现为人与人之间的依赖关系，在这一阶段，生产和交换都源自人的自身需要，这种需要是一种基于物的使用价值的需要。这时，人作为目的，是其自身行动的主体，而物只是以客体的形式存在。但是到了第二个阶段，人依赖人的关系则变成人对物的依赖关系，在这一过程中，生产已经不再表现为人的目的，而是表现为物的即商品的交换目的，是以交换价值为目的的生产。也就是说，人同其他人的关系的生产现在已经变成物的交换价值的生产，变为一种等价物的交换。马克思指出："直接的物物交换这个交换过程的原始形式，与其说表示商品开始转化为货币，不如说表示使用价值开始转化为商品。交换价值还没有取得独立的形式，它还直接和使用价值结合在一起。这表现在两方面。生产本身，就它的整个结构来说，是为了使用价值，而不是为了交换价值，因此，在这里，只有当使用价值超过消费需要量时，它才不再是使用价值而变成交换手段，变成商品。另一方面，使用价值尽管两极分化了，但只是在直接使用价值的界限之内变成商品，因此，商品所有者交换的商品必须对双方是使用价值，而每一商品必须对它的非所有者是使用价值。实际上，商品交换过程最初不是在原始公社内部出现的，而是在它的尽头，在它的边界上，在它和其他公社接触的少数地点出现的。这里开始了物物交换，由此浸入公社内部，对它起着瓦解作用。"②

　　从一般性上来看，可以说，商品概念在资本主义社会中具有瓦解

---

① 《马克思恩格斯全集》第 30 卷，人民出版社 1995 年版，第 107—108 页。
② 《马克思恩格斯全集》第 13 卷，人民出版社 1962 年版，第 39 页。

原本社会关系的作用。然而，瓦解原本的社会关系并不代表能够构建一种新的社会关系。要使商品关系成为一种新的社会关系，"商品形式必须渗透到社会生活的所有方面，并按照自己的形象来改造这些方面，而且不只是同不依赖于它、旨在生产使用价值的过程建立表面上的联系"①。当商品形式完全进入社会生活当中，就代表商品的交换价值取代了使用价值成为生产的首要标准。在这一阶段，人与人之间的关系通过交换价值来体现，他们站在交换价值的两极，以商品的等价物的形式来表达社会关系。这时，"他们只是作为主体化的交换价值，即作为活的等价物，作为价值相等的人互相对立。作为这样的人，他们不仅相等，他们之间甚至不会产生任何差别。他们只是作为交换价值的占有者和需要交换的人，即作为同一的、一般的、无差别的社会劳动的代表互相对立。而且他们交换的是等量的交换价值，因为这里的前提是等价物的交换"②。可见，随着使用价值对人与人关系的作用被交换价值所取代，交换价值成为整个社会生产和生活所趋向的目的。这时，资本主义的生产表现的是价值的生产——以交换价值为目的的生产。

资本的价值生产是为了实现价值的增值，而通过价值的增值来实现资本的积累是资本逻辑运动的主要目的。事实上，这种"价值的增值"不是指价值变得更有效用或者更有意义，准确地说，它是指价值在量上的增加，因而这种价值是可以计算的。马克思在《资本论》中揭示了价值量的来源及其与劳动的关系，"形成价值实体的劳动是相同的人类劳动，是同一的人类劳动力的耗费。体现在商品世界全部价值中的社会

---

① [匈] 卢卡奇：《历史与阶级意识》，杜章智等译，商务印书馆1999年版，第145页。
② 《马克思恩格斯全集》第31卷，人民出版社1998年版，第358页。

的全部劳动力，在这里是当做一个同一的人类劳动力，虽然它是由无数单个劳动力构成的。每一个这种单个劳动力，同别一个劳动力一样，都是同一的人类劳动力，只要它具有社会平均劳动力的性质，起着这种社会平均劳动力的作用，从而在商品的生产上只使用平均必要劳动时间或社会必要劳动时间"①。可见，在价值与劳动的关系中，劳动被劳动力所替代和规定，这种劳动力是无差别的、同一的简单劳动，正是这种劳动所消耗的社会必要劳动时间的计量结果决定了蕴含在商品中的劳动的价值量。也就是说，价值量化的内在本质是对劳动的抽象，它抽掉了具体劳动的"质"的层面，留下了抽象劳动的"量"的层面，它把熟练和复杂的劳动变成了简单的劳动，把劳动变成了劳动力。这就使劳动失去了它的本质——那种创造性的本质，正如马克思所说的那样，"劳动就它表现为价值而论，也不再具有它作为使用价值的创造者所具有的那些特征"②。

很明显，资本量化的价值规律转变了人与人的关系，解释了马克思所提出的人类社会发展的第二个阶段中人对物的依赖关系，是现代资本主义及其发展历程在理论层面的再现。然而，到了马克思所预测的第三个阶段，他阐释出的是一个人的自由个性的全面发展以及由此建立的人与人之间共同财富的世界。如果这是可能的话，那么这在某种程度上代表以交换价值为主而展现出的人对物的依赖关系已经被打破。虽然这只是马克思对人类未来社会的展望，但事实上，在当代生命政治生产的过程中，这一展望在现实中已经初见端倪。这是因为，生命政治生产不仅仅是生命政治劳动在资本的生产过程中所进行的生产，它更是生命政治

---

① 《马克思恩格斯文集》第 5 卷，人民出版社 2009 年版，第 52 页。
② 《马克思恩格斯文集》第 5 卷，人民出版社 2009 年版，第 54 页。

劳动本身主体性意愿的表达，是主体根据自身的需要而不是资本的需要所进行的创造性的行为过程。依据主体的创造性能力产生的价值显然区别于资本以量化的交换价值为基础的价值规律。哈特和奈格里认为，在当代生命政治生产中，价值的意义在资本主义生产中发生了根本的变革，"在生命政治对价值的生产过程中，主体性的生产日益占据核心地位。主体性是一种使用价值，但是这种使用价值也可以自主地进行生产；主体性是一种交换价值，但是这种交换价值却无法量化"[①]。那么，这种价值及其意义的变革具体是如何呈现的？这是我们接下来要探讨的问题。

二、回归价值的创造本性

在资本主义生产过程中，交换价值具有可以量化的本性，这一可计量的价值规律蕴含在商品这种物质形态之内，价值的增值就表现为物质财富的不断积累。然而，当下资本统治已经渗透到全部的社会生活当中，"在社会资本生产的条件下，社会工人整日都处在普遍性的生产之中"[②]。因此，当下资本主义的生产不只局限于物质产品的生产，非物质产品的生产在资本积累中正起着越来越重要的作用，它产生了新的价值。奈格里对这一现象作了一个直观的表述："今天，一个公司的价值越来越取决于非物质财富，如'商誉'（good-will）和其他不可见要素。"[③]

[①]　[美]迈克尔·哈特、[意]安东尼奥·奈格里：《大同世界》，王行坤译，中国人民大学出版社 2016 年版，第 204 页。

[②]　[意]奈格里：《〈大纲〉：超越马克思的马克思》，张梧等译，北京师范大学出版社 2011 年版，第 11 页。

[③]　[美]迈克尔·哈特、[意]安东尼奥·奈格里：《大同世界》，王行坤译，中国人民大学出版社 2016 年版，第 220 页。

这说明资本已经把自己的统治原则运用到了非物质产品的价值积累之中，意图达到对全部社会生产的控制和占有。

可见，针对非物质生产劳动所产生的价值，资本在物质生产领域内有效的价值规律已经很难具有完全的解释作用。在资本积累的内部，虽然非物质生产劳动所产生的成果往往被资本置于其物质产品之上，构成了物质产品价值量的一部分，好像非物质生产劳动的价值与物质生产劳动的价值具有同质性，都可以用量化的方式来衡量。但这只是资本统治所造成的表象，这种统治的目的，是把所有社会生产的价值——无论是可计算的物质劳动生产的价值还是不可计算的非物质劳动生产的价值——都纳入资本自身的价值规律中，统一按照资本的价值增值的逻辑来进行处理。但事实上，仅对非物质生产劳动本身而言，它独立产生的价值无法像物质劳动产生的价值那样通过精确的计算来衡量。因为非物质生产劳动的产品并不以物的形态存在，它没有作为商品的实体属性，因此，它就无法化约为简单劳动的集合，更不能以社会必要劳动时间来衡量。它实现的是一种"奇异性"的创造，这种价值内涵变更了物质产品的价值"量化"的本质。奈格里对资本统治企图占有并同化非物质生产价值的行为作了高度的概括，"为了占有剩余价值，资本必须异化生产性的奇异性，对生产性协作进行控制，并驯化价值的非物质和逾越性的特征"[①]。根据奈格里的观点，非物质性劳动产生的价值本身具有逾越性，只是在资本逻辑的统治中被资本强行占有了。

资本这种施加在全部社会生产之上的统治必然会引起社会生活领域

---

① ［美］迈克尔·哈特、［意］安东尼奥·奈格里：《大同世界》，王行坤译，中国人民大学出版社 2016 年版，第 194 页。

中生命政治的普遍反抗，而且这种反抗与物质生产领域中雇佣劳动者的反抗是不同的。在物质生产过程中，生命的反抗原本一直存在，因为"资本家的侵占具有绝对的对抗特性。这一对抗起源于使用价值和交换价值之间被切断的关系"①。而且，资本通过雇佣劳动创造了剩余价值，并无偿占有它，这时劳动者的反抗主要是集中在他们的劳动能换回多少生活资料的层次上，也就是劳动者在物质生产中创造的价值能够换回多少交换价值的阶段上。因此，这种反抗的前提是承认资本主义物质生产过程中以交换价值为基础的价值规律。

而在社会生活领域中，生命政治生产只是主体为自身生产使用价值，与其他任何以交换价值为目的的价值形式相对立，因而生命政治生产直接构成了对资本统治的价值规律的反抗。具体来说，生命政治生产是一种非物质生产活动，其成果没有实体属性，无法成为具有物质性的商品，因而它无法以交换价值为基础在市场中进行计量性的交易。更重要的是，这种生命政治的生产成果只能作为对生命本身有效用的特殊的使用价值存在。使用价值来源于主体自身的创造，无论在物质生产领域还是在以非物质生产为基础的生命政治领域中都是如此。但在这两个不同的领域中，这种创造性的使用价值的地位是有区别的。在物质生产领域中，商品中固有的使用价值和交换价值的二重性表明了这两种不同价值形式之间的矛盾对立。这一矛盾在资本逻辑的控制下愈演愈烈，因为资本注重的是交换价值，而不是使用价值，使用价值作为劳动主体的创造对资本的价值增值目的并无效用。因此，这样的使用价值只能作为商品这个矛盾统一体的一极存在，并且无法在矛盾中消灭作为交换价值的

①　[意]奈格里：《〈大纲〉：超越马克思的马克思》，张梧等译，北京师范大学出版社2011年版，第99页。

另一极。但是，在生命政治领域中，劳动产品只具有对主体的使用价值，而没有任何交换价值，它不存在像商品内部那样的矛盾二重性。确切地说，这种使用价值作为生命政治产品的总体而存在，它摒弃一切的交换价值。因此，当资本统治试图将它的价值规律运用到生命政治领域，进而将整个社会生活囊括到自身的逻辑规范之内时，必然会引起生命政治的主体性反抗。

因此，在生命政治语境下，以生命政治劳动形式存在的非物质生产劳动及其价值所具有的逾越性已经表现出来。"生命政治劳动过程的自主性以及价值的不可计量的逾越性都是当下资本主义统治中矛盾的核心要素。"[1] 这种对抗在当前的社会生产之中已经形成，并且占据了主导地位。奈格里指出："现在，在后工业时期，生命政治劳动的生产性价值已经通过包纳（而非排斥）生产的所有其他要素而成为霸权性价值。很明显，因为这种演化，现在已不可能将（经典形式的）价值规律视为计量全球经济体系的法则，或者均衡的准则。"[2] 可见，无论是生命政治生产了价值的理论分析，还是生命政治生产的社会现实，都表明通过生命政治活动产生的价值的逾越性，这种逾越性突出了生命政治的主体性维度，突破了资本的控制，由此构成了对资本统治价值规律的反抗。奈格里认为，生命政治逾越的过程"溢出了现代政治经济学传统所构建的控制劳动力和价值生产的藩篱"[3]。

[1] ［美］迈克尔·哈特、［意］安东尼奥·奈格里：《大同世界》，王行坤译，中国人民大学出版社 2016 年版，第 194 页。

[2] ［美］迈克尔·哈特、［意］安东尼奥·奈格里：《大同世界》，王行坤译，中国人民大学出版社 2016 年版，第 222 页。

[3] ［美］迈克尔·哈特、［意］安东尼奥·奈格里：《大同世界》，王行坤译，中国人民大学出版社 2016 年版，第 223 页。

第二节　打破资本对劳动的剥削形式

资本逻辑进行的以交换价值为基础的生产活动归根到底是要实现价值的增值。价值的增值表现为价值在量上的增加。然而，价值在量上的增加只代表价值增值的表象，对增值的价值从何而来进行追问，这才触及价值增值的本质，这也是马克思探讨问题的焦点。一些学者认为价值是在其交换过程中产生的，因此断言价值的增值源自资本的流通领域。马克思摒弃了这种思想，他认为价值源自劳动的创造。而资本所要实现的增值的价值，是资本通过对劳动所生产的剩余价值的剥削来实现的。也就是说，劳动创造剩余价值被资本剥削从而实现了资本的价值增值。由此，劳动及其生产活动被资本剥削才构成了资本积累的前提。在这个意义上，打破资本对劳动的剥削形式在一定程度上就可以阻碍资本的积累过程。那么，资本对劳动的剥削在何种形式上能够达成？打破这种剥削形式的能力从何而来？这是需要我们进一步探讨的问题。

一、透析劳动力商品的剥削前提

资本对生产劳动的剥削之所以能够达成，归根到底是由于资本占有了劳动。而资本之所以能够占有劳动，是因为劳动者将其劳动力作为商品出卖给了资本。由此，劳动力所生产的价值才能够被资本所剥削。可以说，"劳动力成为商品"构成了资本剥削劳动的前提。"劳动力成为商品"是《资本论》第四章"货币转化为资本"部分揭示出来的命题。马克思指出，在货币向资本转化的过程中，价值的增值既不可能发生在货币本身上，因为它只是作为购买手段和支付手段；也不可能发生在商品再度出卖的流通行为上，因为这一行为只是商品与货币形式的自然转化。"这种变化必定发生在第一个行为 G—W 中所购买的商品上，但不是发生在这种商品的价值上，因为互相交换的是等价物，商品是按它的价值支付的。因此，这种变化只能从这种商品的使用价值本身，即从这种商品的消费中产生。"① 那么什么样的商品能够在消费自身的过程中成为创造价值的源泉？"货币占有者在市场上找到了这样一种独特的商品，这就是劳动能力或劳动力。"② 由此，劳动力作为商品才进入货币占有者的视线。

然而，劳动力本身就能创造价值，为什么还要以商品形式出现，或者是在何种条件下劳动力才不得不以商品形式出现。在马克思看来，劳动力若要成为商品，从劳动者本身出发必须具备以下两个前提条件：一方面，劳动力占有者要把劳动力当作商品出卖，他就必须能够支配它，从而必须是自己的劳动能力、自己人身的自由所有者；另一方面，劳动力占有者没有可能出卖有自己的劳动对象化在其中的商品，而不得不把只存在于他的活的身体中的劳动力本身当作商品出卖。③ 这一内在前提体现了劳动者在他的"劳动力成为商品"之前所处的自由状态，但这种自由状态同时也揭示了自由人本身要面对的生存困境——他自由得一无所有，没有任何实现自己的劳动力所必需的东西。劳动力的存在要以活的个人的存在为前提，而活的个人要维持自己，则需要有一定量的生活资料。也就是说，谁谈劳动力，谁就不会撇开维持劳动力所必要的生活资料。因此，从维持个人的劳动力来讲，为了使个人自身劳动力的存在有意义，劳动者只能将他仅有的劳动力卖出去。可见，从劳动者角度出发，他不得不出卖劳动力使其成为商品的前提就是"为了生存"。

---

① 《马克思恩格斯文集》第 5 卷，人民出版社 2009 年版，第 194 页。
② 《马克思恩格斯文集》第 5 卷，人民出版社 2009 年版，第 195 页。
③ 参见《马克思恩格斯文集》第 5 卷，人民出版社 2009 年版，第 195—196 页。

　　劳动力转换为商品，并不表达二者之间拥有自然意义上的联结关系。这种转换之所以可能，由特定历史阶段的发展所决定。在马克思看来，商品形式"只有在一种十分特殊的生产方式即资本主义生产方式的基础上才会发生"①。在《资本论》中，分析是从商品开始的，商品作为"资本主义生产方式占统治地位的社会的财富"②的表现，是资本主义社会财富的最基本、最简单的形式。因此，从这种商品形式的历史规定出发，劳动力要成为商品，必须以这种占统治地位的资本主义生产方式为前提。

　　占统治地位的资本主义生产方式，从生产的社会关系出发，表现为以生产资料私有制为基础的资本家与雇佣工人之间的关系。具体来说，首先，资本主义生产方式以生产资料为基础，生产资料作为生产所必须的物质条件，在生产过程中由资本所提供。可见，资本的参与构成了资本主义生产方式在生产过程所必须的条件之一。其次，资本主义的生产方式以私有制为基础，也就是说，经过资本主义生产方式生产出的劳动产品不是属于劳动者的共同财产，而是被资本家私人占有了。可见，劳动产品不属于劳动者本身同样构成资本主义生产方式的必要条件和必然结果。最后，资本主义生产方式造就了工人和资本家之间的对立关系，在这一关系中，工人是以雇佣劳动而非自主劳动的形式被资本所雇佣从而进行生产活动。可见，雇佣劳动形式构成资本主义生产方式的内在基础。因此，资本的参与、劳动产品的私人占有以及雇佣劳动形式共同构成了占统治地位的资本主义生产方式的内在前提，也就是说，构成了以这种特定历史阶段生产方式为基础的"劳动力成为商品"的内在前提。

---

① 《马克思恩格斯文集》第 5 卷，人民出版社 2009 年版，第 197 页。

② 《马克思恩格斯文集》第 5 卷，人民出版社 2009 年版，第 47 页。

　　占统治地位的资本主义生产方式，在生产上表现为机械化大生产形式，劳动者在这种生产环境中，表达了一种特定的劳动状态，从而呈现出相应的生命政治后果。从生产形式的历史发展来看，机械化大生产是从工场手工业发展而来。在工场手工业时期，劳动者作为雇佣劳动参与到生产之中，他可以自由地使用劳动工具进行生产活动并可以控制自己的生产行为，在整个被雇佣的过程中还有着一定程度的劳动自主权。然而，在工厂的机械化大生产时期，工人只是作为机器体系的有意识的肢体而存在于生产活动中，变成了生产的机器体系的一部分零件。这时，"工人的活动表现为：它只是在机器的运转，机器作用于原材料方面起中介作用——看管机器，防止它发生故障，这和对待工具的情形不一样。工人把工具当作器官，通过自己的技能和活动赋予它以灵魂，因此，掌握工具的能力取决于工人的技艺。相反，机器则代替工人而具有技能和力量，它本身就是能工巧匠，它通过在自身中发生作用的力学规律而具有自己的灵魂"。① 可见，在机械化生产的工厂之中，劳动者完全受机器所支配，由生产的主导者沦为生产过程的一个环节。这一表现清晰地展示了"劳动力成为商品"命题之下劳动者所处的劳动状态。

　　"劳动力成为商品"通过资本主义生产方式与现实的生产环境联系了起来，它们共同构成了一幅资本主义特定历史时期的资本生产图景。在这一图景中，劳动者把劳动力作为商品出卖进入资本主义的生产过程之后，在工厂的机械体系生产中表现出受资本剥削统治的困境。然而，仅仅围于这一命题去解释当代的资本主义生产及其对劳动的剥削是不全面的。这是因为，"劳动力成为商品"以劳动者生存的需要和资本主义生产方式的内在原则为其历史前提，这一前提同时设定了它的局限，限

---

① 《马克思恩格斯全集》第 31 卷，人民出版社 1998 年版，第 91 页。

定了它只能有效地诠释为了生存而不得不作为雇佣劳动出现在资本参与
的生产过程中而被剥削的后果。而在当代的社会生活生产中，生产劳动
具有自主性，它们可以在没有资本的环境中进行自我生产。在这个意义
上，"劳动力成为商品"的命题对于这些游离于资本生产之外的社会生
活领域的问题并不具有完全的解释作用。那么，在这种社会生活领域中
的劳动以何种形式展现？这种劳动形式如果不再以作为商品的劳动力形
式出现，这在某种程度上是否意味着其能够脱离资本剥削劳动的形式？

二、释放生命政治劳动的自主性潜能

在马克思的话语体系中，劳动力概念、"劳动力成为商品"的命题，
自始至终都是与特定历史时期的资本主义生产方式相关的政治经济学问
题。因此，从这一角度出发去对资本的剥削进行批判应当以资本主义的
生产方式为前提，其探讨的范围应当局限在资本主义的生产领域之中。
然而，当代的资本剥削问题不仅仅涉及资本的生产领域，它更表征了资
本入侵社会生活领域所带来的人类困境，表达了生命权力如何以更细
微、更隐蔽的方式渗透到人类生活的每个角落并控制整个生命活动的过
程。在这个意义上，"劳动力成为商品"这一前提显然无法为当代资本
剥削的新形式提供足够的理论支撑。那么，能够有效地支撑当代资本剥
削的前提到底应该是什么，这是我们必须要说明的问题。

在《资本论》中，马克思指出："资本的运动是没有限度的"①，资本
逻辑就是以价值增值为目的去进行没有限度的运动。从这一逻辑出发，
资本主义若要维持其运动的目的，就必须不停地扩张，不断地突破自身
以及与其相关的外在限制。一方面，资本主义需要进行自我更新，齐泽

① 《马克思恩格斯全集》第23卷，人民出版社1972年版，第174页。

克用"超溢"（excess）来表征资本主义的生存过程，他认为资本主义是一个不断超越自身的存在，"它只有作为自身的'超溢'，不断超越自身的'正常'限制，才能获得生存"①；另一方面，资本主义必须超越外在限制，即不断超越自然以及社会的界限，从而吸收更多的外部资源，为价值增值提供资料。从这样的视角来看，资本主义的全球化发展，是满足资本增值逻辑的必由之路。在全球化过程中，资本主义的市场经济规律、它的政治策略都超越了民族国家的界限，形成了新的全球化秩序。奈格里和哈特用"帝国"这一新的权力形式表征了当代资本统治的发展和深化。

在全球化的帝国时代，资本主义社会发生了诸多变革。其中，最能表达生产性变革状况的是："劳动形式经历了新的转变：非物质生产日益占据霸权地位。"②可以说，在资本主义社会的生产中，资本与劳动的关系发生了根本性的变化："最初，资本在其内部集聚劳动力，并对劳动进行控制，或者用马克思的话说，它能够构建可变资本（即雇佣劳动力）与不变资本的有机构成。但在今天，资本的有机构成出现了日益加剧的断裂，资本逐渐解体，其中可变资本（尤其是生命政治劳动力）与不变资本日益分离，当然还有与后者相伴随的统治与管控的政治力量。生命政治劳动趋向于生成自己的社会协作形式，并自主地生产价值。事实上，生命政治生产的社会组织越具有自主性，它的生产力就越高"③。

---

① ［斯］斯拉沃热·齐泽克：《哈特和奈格里为 21 世纪重写了〈共产党宣言〉吗？》，何吉贤译，载许纪霖主编：《帝国、都市与现代性》，江苏人民出版社 2006 年版，第 82 页。

② ［美］迈克尔·哈特、［意］安东尼奥·奈格里：《大同世界》，王行坤译，中国人民大学出版社 2016 年版，代译序第 6 页。

③ ［美］迈克尔·哈特、［意］安东尼奥·奈格里：《大同世界》，王行坤译，中国人民大学出版社 2016 年版，第 110 页。

可见，在当代非物质劳动的生产中，原本作为可变资本的劳动力在生产性关系中已经与不变资本渐行渐远了，劳动者可以不必再把自己的劳动力作为商品出卖去换取生产资料，从而进行生产活动。相反，劳动者能够脱离资本之外去自主地创造价值。因此，如今已经不应该再用"可变资本"这种与资本相关联的定义去指涉劳动力了，事实上，"劳动力的生产力日益逾越资本雇佣所设立的边界"①。在这个意义上，我们可以超越"作为商品的劳动力"，回到"劳动能力"这一概念之上，去把握当代的非物质生产劳动。这种"劳动能力"不仅指代劳动力本身，而且指向未来的潜能。

在《资本论》及其手稿中，马克思已经探讨了"劳动能力"概念，他对"劳动能力"的理解可以分为两个层面：一方面，他将"劳动能力"视作劳动的潜能，认为它构成了劳动的前提，起到支配劳动的作用，因而是劳动本身的内在规定性；另一方面，他是在"劳动力"的意义上理解"劳动能力"："我们把劳动力或劳动能力，理解为一个人的身体即活的人体中存在的、每当他生产某种使用价值时就运用的体力和智力的总和"②，由此出发，马克思把"劳动能力"视作一种具体的体力劳动的付出。

在阐释资本主义生产的过程中，马克思往往把他对"劳动能力"第一个层面的理解退为背景，而专注思考作为"劳动力"的"劳动能力"，也就是在劳动力的具体实践上去认识劳动能力。在这个意义上，"谁谈劳动能力，谁就不会撇开维持劳动能力所必要的生活资料。生活资料的价值正是表现在劳动能力的价值上。劳动能力不卖出去，对工人就毫无

---

① ［美］迈克尔·哈特、［意］安东尼奥·奈格里：《大同世界》，王行坤译，中国人民大学出版社 2016 年版，第 111 页。

② 《马克思恩格斯文集》第 5 卷，人民出版社 2009 年版，第 195 页。

用处，不仅如此，工人就会感到一种残酷的自然必然性：他的劳动能力的生产曾需要一定量的生存资料，它的再生产又不断地需要一定量的生存资料。于是，他就和西斯蒙第一样发现了：'劳动能力……不卖出去，就等于零'"①。可见，从"劳动力"的层面上去理解的"劳动能力"必须以雇佣劳动的形式出卖自身才能有意义，它无法脱离雇佣劳动的劳动形式。然而，事实是，"雇佣劳动不是劳动的绝对形式，而只是劳动的历史形式。就生产来说，工人的生活资料不必以异化的形式作为资本来同工人相对立"②。

当代资本主义全球化的非物质生产就超越了以往单纯的雇佣劳动的局限，它使劳动能力脱离了资本的劳动力的层面，展示了作为基础和前提的另一层面。在这个意义上，"劳动能力体现的是人的潜能，是人所具有的内在特性，体现了劳动的主体性特征"③。这种主体性的特征使劳动者在劳动的过程中从事着自主性的生产，不仅生产客体，而且生产主体自身。与此同时，在社会关系的生产过程中，主体还通过与他者协作的形式来创造他们共同享有的共同性。从实际的社会生活经验来看，显而易见，共同性的生产构成了当前信息服务产业占主导地位的资本主义时代的主要社会生产形式。而新的社会生产形式必然伴随着生产条件以及生产行为的变化，它超越了资本工厂的限制，进入大都市的社会生活当中。这时，"生命政治劳动的表现，如情感和智识天赋，创生协作与组织网络的能力，交往技能和其他能力，都不需要固定的场所。你不仅可以在工作场所，而且也可以在大街上或家里与邻居和朋友形成关

---

① 《马克思恩格斯文集》第 5 卷，人民出版社 2009 年版，第 201—202 页。
② 《马克思恩格斯全集》第 32 卷，人民出版社 1998 年版，第 158 页。
③ 仰海峰：《劳动力成为商品意味着什么——关于〈资本论〉的经济学—哲学研究》，《中国高校社会科学》2015 年第 2 期。

系"①。由此可见,当代资本主义社会的生产已经不再拘泥于生产资本以及供其增值的剩余价值,尽管这种生产方式仍然存在于当代资本主义社会之中。但是相比于劳动主体通过内在的劳动能力自主地、创造性地生产价值,雇佣劳动力的剩余价值生产方式更像是旧时代遗留在新时代的过气产品。而在生命政治视域中,生命政治劳动体现的是生命本身的劳动能力的自主性和创造性,是劳动潜能的激发,劳动能力经过自我生产和实现构成了共同性得以产生的前提。这种对劳动能力的理解完全脱离了与资本的关系,它的实现也是外在于资本并区别于被资本异化了的劳动力。由此,可以说,生命政治劳动的潜能在其自主性和创造性的意义上,为打破资本对生产劳动的剥削形式提供了可能。

第三节　取代资本权力统治的地位

资本的价值规律受资本逻辑的控制,这种控制以一种社会权力的统治形式出现。社会权力统治问题作为人类社会发展过程中一直面临的核心问题,是学界研究的热点。事实上,权力问题在传统社会中与现代社会中表现为不同的形态。"在传统社会中,政治权力是全部社会权力的核心,人类所受到的奴役和压迫主要来自政治领域,因而驯服政治统治权就逐渐成为了近代政治哲学的核心问题。而随着现代资本主义社会的兴起,经济权力逐渐取代政治权力成为现代社会权力的核心,资本统治权决定着现代社会的微观权力结构。因此,在现代社会

---

① 〔美〕迈克尔·哈特、〔意〕安东尼奥·奈格里:《大同世界》,王行坤译,中国人民大学出版社 2016 年版,第 111 页。

中，真正支配着我们的主导权力形式不是凌驾于社会之上的作为政治权力的超验权威和暴力，而是体现在财富和资本中的权力。"① 在这个意义上，对当代资本主义社会主要的权力形式的认知应当集中于对由资本构成的统治权力的探讨，而超越权力的统治的形式也必然蕴含在对资本权力的反抗之中。

一、识别资本权力的"等级制"界限

在传统社会，统治权力以政治权力的形式存在。马基雅维里指出："从古至今，统治人类的一切国家，一切政权，不是共和国就是君主国。"② 在马氏的话语中，这种政治权力往往表现为一种基于一切权力之上的军权、王权等至高权力（sovereign power）。而至高权力意指一种主权（者）的权力，它象征着"暴力—权力"的统治权。在这种权力的统治下，生命随时都可能被权力所剥夺。这种统治权是一种能够"让你死"的权力。然而，从传统社会一直到现代社会，尤其是在由封建主义社会向资本主义社会的转变过程中，权力的统治形式发生了变化。福柯指出："在 17 世纪和 18 世纪，出现了一个重要现象：出现了新的权力机制（应当说是发明），它有很特殊的程序，全新的工具，完全不同的机器。我认为，它与关于统治权的叙述完全不相容。这种新的权力机器首先作用于人的肉体及其行动。"③ 这种新的权力在福柯的视角中是作为规训和惩罚的权力。这些权力的行使机构是现代化的学校、军队、监狱、医院等场所，在这些场所中实施的是对生命的干预、监视、评估、调节和优

---

① 王庆丰：《资本统治权的诞生》，《国外理论动态》2018 年第 8 期。
② [意] 尼科洛·马基雅维里：《君主论》，潘汉典译，商务印书馆 2017 年版，第 3 页。
③ [法] 米歇尔·福柯：《必须保卫社会》，钱翰译，上海人民出版社 1999 年版，第 26 页。

化等手段。相比于传统社会象征着暴力的统治权力，现代的新的权力形式更像是一种平常的、规范化的权力。

在资本主义社会中，这种新的权力形式的主体是资本。哈特和奈格里指出："经过资本的社会发展，现代主权的机制——法规化、超法规化和再法规化的进程，对一个有限而又分隔开的社会领域施加了一个超常的秩序——逐步由一个公理所代替。"① 这个公理就是资本运转的规则。资本的权力体现在维护资本逻辑的运行规律之上。资本的发展将一切外在的资源都纳入其自身之中，这时，资本的运行环境就是它本身。由此，它形成了一套保障其自身运作的规则体系，"资本运作所依靠的规则并不是凌驾于资本之上且从高处指导资本运作的独立和固定的规则，而是内在于资本自身运作的具有历史性变化的规则：利润率的规则，剥削率的规则，实现剩余价值的规则等等"②。资本自身规则的形成具有重要的意义，资本主体不仅可以表现为对生命的规范化的政治权力，它在资本主义生产以及资本主义市场中还具有经济的统治权力。在资本的经济权力的维度中，"根本不存在直接的强制关系。形形色色的强制不是由宗主国（直接）施加的，而是'经济性的'，是来自于市场的"③。

虽然在资本主义社会，权力形式相比于传统社会发生了转变，尤其是当今的权力正以一种稳定的结构化形式存在。但是这种权力与传统社

---

① ［美］麦克尔·哈特、［意］安东尼奥·奈格里：《帝国——全球化的政治秩序》，杨建国、范一亭译，江苏人民出版社 2008 年版，第 316 页。

② ［美］麦克尔·哈特、［意］安东尼奥·奈格里：《帝国——全球化的政治秩序》，杨建国、范一亭译，江苏人民出版社 2008 年版，第 316 页。

③ ［加］埃伦·M. 伍德：《资本的帝国》，王恒杰、宋兴无译，上海译文出版社 2006 年版，导言第 3 页。

会的权力仍然存在共同之处，它们都有着不可逾越的界限。奈格里认为，今天真正支配我们的主导权力不是中世纪以来的暴力和神学的权力，"我们所面对的主要权力形式并没有这样的戏剧性或邪恶性，毋宁说，这是一种世俗的、平凡的权力"①。这种权力形式不是自下而上产生的，在政治上没有自主性，相反，它"完全内嵌于法律系统和治理机构中，并因此而得到维持"②。在资本主义社会的权力形式下，"我们甚至很难看出其背后的暴力因素，因为这是规范化的结果，其强力的使用也是客观的。从根本上说，资本主义的统治和剥削所依赖的不是外部的主权权力，而是不可见的内在化的法律"③。可见，权力被合法化、规范化和普遍化，这就使得权力变得难以辨识、分析甚至受到挑战。这种权力在社会中运行的直接结果就是，"结构化社会生活，并且让等级制和从属关系看起来自然而然且不可或缺"④。因此，今天我们所面对的权力不是作为自主性的权力，而是作为统治阶级与被统治阶级之间等级制关系保护者的权力，它不可能逾越等级制的界限。

从现代性产生开始，等级制被理性的权力形式赋予了合理化的内涵。奈格里把现代性理解为一种对立的权力关系：统治与反抗或者是主权与争取解放斗争的关系。一方面，这种权力关系表现为统治，这种统治来源于殖民主义，殖民主义就是现代性的构成要素。"之所以

---

① ［美］迈克尔·哈特、［意］安东尼奥·奈格里：《大同世界》，王行坤译，中国人民大学出版社 2016 年版，第 3 页。
② ［美］迈克尔·哈特、［意］安东尼奥·奈格里：《大同世界》，王行坤译，中国人民大学出版社 2016 年版，第 3 页。
③ ［美］迈克尔·哈特、［意］安东尼奥·奈格里：《大同世界》，王行坤译，中国人民大学出版社 2016 年版，第 4 页。
④ ［美］迈克尔·哈特、［意］安东尼奥·奈格里：《大同世界》，王行坤译，中国人民大学出版社 2016 年版，第 4 页。

是构成性因素，因为它揭示了现代性核心的等级关系。"① 另一方面，这种权力关系表现为反抗和斗争，这是一种反现代性的力量。对殖民统治的反抗，并非外在于现代性，而是完全内在于现代性之中，内在于权力关系之中。可见，现代性的统治以及反抗统治的斗争是同时出现的。

权力通过不同的形式施加在主体之上，意图实现全面控制主体生命的目的。"在现代性的权力关系中，反现代性得到控制，不只通过臣服的外在形式——从奴隶主的皮鞭到征服者的宝剑，再到资本主义社会的警察和监狱——更为重要的，也通过主体化的内在形式。"② 这种统治权力强大到使等级制合法化，同时也塑造了被统治者的意识。也就是说，这种权力统治"不只通过暴力和强力而得到实现和维持，暴力和强力毕竟是个别偶然现象；更多是通过心照不宣的同意——也就是说，接受社会中广泛传播的殖民意识模式和知识形式——而实现的"③。强力和意识形态控制是现代性权力统治的两种常见方式，但是，"权力不仅规范意识形式，同时还塑造生命形式，权力完全施加于被统治的主体之上。另外，我们也需注意，权力也是生产性的——不只是外在于主体，行使禁止和压迫的力量，同时更为重要的是，也是从内部生产主体的力量"④。可见，现代性的权力进入了生命的领域，不仅通过一系列方式控制生

① ［美］迈克尔·哈特、［意］安东尼奥·奈格里：《大同世界》，王行坤译，中国人民大学出版社 2016 年版，第 48 页。
② ［美］迈克尔·哈特、［意］安东尼奥·奈格里：《大同世界》，王行坤译，中国人民大学出版社 2016 年版，第 55 页。
③ ［美］迈克尔·哈特、［意］安东尼奥·奈格里：《大同世界》，王行坤译，中国人民大学出版社 2016 年版，第 55—56 页。
④ ［美］迈克尔·哈特、［意］安东尼奥·奈格里：《大同世界》，王行坤译，中国人民大学出版社 2016 年版，第 57 页。

命，而且不断地再生产这种控制。

二、重塑生命的主体性权力

针对资本权力进入生命领域实行权力的控制以及由此引发的反抗权力的问题，奈格里从不同的视角进行了说明，他在这里实现了视角的转换——不是从权力统治的视角来看这种关系，而是从主体性的视角来审视。他指出："不应该将权力视为第一性，将反抗视为后起现象；相反，这听起来也许有些自相矛盾，但反抗是先于权力的。"①一般认为，当生命权力无所不在地渗透并强加在主体之上时，所有内在于权力的对象都要臣服于权力。也就是说，"反抗是依附并从属于其所对抗的权力的。或许有人会向其提议使用具有马克思主义内涵的'反权力'，但这个术语意味着次级权力，与其所反对的权力并无本质区别"②。这种观点设置了一个前提，即权力先于反抗的自由而存在。在这种视角中，生命成了自由完全被剥削的主体，它对权力的反抗不可能超越当前的权力结构。奈格里在分析了福柯对生命权力与反抗的关系之后指出："权力只能作用于那些自由的主体。如果奴隶确实处于绝对的统治之下，那么根据福柯的看法，就不可能有权力施加在他们身上。当然，说奴隶是自由的，这有点自相矛盾。福柯的重点在于，所有的主体都能取得某种自由的空间，不论这种空间是多么有限，从而提供了反抗的可能。说权力只施加在那些'自由主体'身上，就意味着权力只作用于那些能够反抗的主体、那些先于权力施行而行使自由的主

---

① ［美］迈克尔·哈特、［意］安东尼奥·奈格里：《大同世界》，王行坤译，中国人民大学出版社 2016 年版，第 58 页。

② ［美］迈克尔·哈特、［意］安东尼奥·奈格里：《大同世界》，王行坤译，中国人民大学出版社 2016 年版，第 36 页。

体。"① 正是在对这种反抗的"自由主体"与统治权力的先在性关系的思考中,奈格里提出了基于主体性的生命政治概念。

生命政治的主体性力量是一种内在性的力量,从内在性出发,作为生命承担者的人首先表现为主体的形式。而生命权力对人的统治是一种外在力量的统治,在早期传统社会中,外在性的权力力量以暴力的强制性方式来统治人。即使当前社会统治形式发生了变化,不再通过强制而是通过一系列的法律制度去规范人,但权力统治对人的关系的内涵并没有发生改变,它依然以一种外在性的力量施加在人之上。在这种外在性力量的作用下,人的生产行为、劳动行为,总之一切生命活动都被异化或遮蔽了。从而使人成了对象化的存在,成为资本这一主体统治之下的客体。然而事实是,虽然外在化的力量能够把原本人的主体性活动异化为对象性的活动,但是这并不代表外在性的力量已经消灭了人的主体性这种内在的本质。尤其是在当代生命政治的语境中,人能够脱离资本而进行自主的生产,这在一定程度上能够重新激发其内在性的本质,重塑自身的主体性力量。这时,生产不仅仅表现为人为资本所进行的生产,更是人的生命的创造。在原本资本的权力统治下,生命权力的外在力量不仅能够规训生命,还能够生产这种规训的形式。同样的,生命的内在性也不仅能够生产他者,还能够在主体性自身的创造过程中生产自身。在这个意义上,生命政治的内在性生产及其生命活动的表达是同步的。正如马克思所言:"个人怎样表现自己的生命,他们自己就是怎样。因此,他们是什么样的,这同他们的生产是一致的——既和他们生产什么一致,又和他们怎样生产一致。"② 显然,生命政治视域下的人能够重获

① [美]迈克尔·哈特、[意]安东尼奥·奈格里:《大同世界》,王行坤译,中国人民大学出版社 2016 年版,第 53—54 页。
② 《马克思恩格斯文集》第 1 卷,人民出版社 2009 年版,第 520 页。

作为主体的自由，并以内在性的力量重构属于自身的权力，并创造基于自身的社会关系。在马克思的思想中，这种社会关系的新的形式以及向自由回归的标志表征着人类发展正向新的阶段迈进，它预示着人类解放的到来。

生命政治视域下的生命的主体性生产是自由的生产，而非生命权力规训下主体的客体化生产，因为它不是结构化的延续，而是在打破了结构化牢笼的基础上重新构建的一种与以往模式相决裂的新的模式。针对生命本身创造的与权力相对抗的关系，奈格里进一步指出，生命政治事件"破坏了历史的连续性，破坏了现存秩序。同时，我们也不能只从消极的方面去理解生命政治。生命政治不只是断裂，同时也是创生"①。由此可以得出，生命政治的反抗——因为破坏了权力的统治秩序并且构建了新的主体形式——颠覆了自现代性以来的权力关系及其深层的等级制度。奈格里把这种超越了现代性的生命政治创造称为"另类现代性"。他认为："另类现代性与现代性进行了两次决裂：首先，它扎根在反现代性的斗争中，反对作为现代性核心的等级制；其次，它与反现代性相决裂，拒绝辩证的对立，从反抗走向另类秩序的构建。另类现代性拒绝超现代性的信念，即现代性的核心原则可以得到改良和完善。反现代性的斗争早已肃清了这些幻象的残余。与后现代的大多数主张相比，另类现代性提出了新的价值、新的知识以及新的实践。简言之，另类现代性构成了主体性生产的装置。"②

---

① ［美］迈克尔·哈特、［意］安东尼奥·奈格里：《大同世界》，王行坤译，中国人民大学出版社 2016 年版，第 37 页。

② ［美］迈克尔·哈特、［意］安东尼奥·奈格里：《大同世界》，王行坤译，中国人民大学出版社 2016 年版，第 79 页。

第四节　动摇资本私有财产的根基

当代资本主义社会的权力结构，不论在形式上是政治权力还是经济权力，无论在功能上是对肉体的规训，还是对生命的调节，归根到底都起着一种保障性的作用。从自然状态进入社会状态的过程中产生的主权权力是对构成公共契约的公民的保障；封建制度下君主的暴力权力是对其统治权威的保障；而到了资本主义社会中的权力则是对私有财产的保障。可以说，保障私有财产不受侵害构成了资本权力的根本目的。在这个意义上，私有财产构成了资本权力何以可能的目的论前提。从这一角度出发，变革资本主义的权力结构理应深入其私有财产层面，进而摧毁其根基。而若要挑战资本主义的私有财产制度，首先要考察它在当代的存在形式，由此出发，进而找出变革这一根基的可能性。

一、考察资本主义的财产共和国

现代性的权力结构并非自下而上产生，从而不具有自主性。它之所以呈现出制度化和意识形态化的形式，之所以能稳固现代性的等级制度，是因为受到了法律和资本的操控。奈格里把法律和资本看作权力的"超越性"平面，认为是它们构成了权力的先验的认知内容。但无论是权力还是其"超越性"平面，它们存在并施行的目的都是保护资本主义内在的私有财产关系。因此这种权力结构"是一种既是法治也是财治（rule of property）的共和形式"①。

① ［美］迈克尔·哈特、［意］安东尼奥·奈格里：《大同世界》，王行坤译，中国人民大学出版社 2016 年版，第 3 页。

在资产阶级革命的年代，除了君主制之外的政治形式在某种程度上都可以被视作共和形式，它代表了一种广泛的政治制度和政治立场。而从现代资本主义的立场出发去定义现代的共和主义时，它表达了一种更确切的含义。"这种共和主义是奠基于财治和私有财产权神圣不可侵犯原则之上的。"① 从共和主义的历史发展来看，它和私有财产权之间并不存在某种必然的关联。但在现代资本主义的共和国中，共和国的主导形式是以是私有财产为基础的，共和国之内的"宪政和法治的确立都有助于私有财产得到合法化"②。法律使私有财产合法化一方面意味着法律是私有财产的保护伞；另一方面似乎是假设了法律的地位在某种程度上高于私有财产的前提，就好像国家对人民的保护一样。然而，事实是，私有财产具有某种高于法律的特权，它并不受法律的约束，而且在某种程度上还可以决定法律的基调，就好像君主对国家的关系。正如西耶斯所指出的那样，"无论何种特权，其目的自然都在于免受法律的管束，或赋予法律所未禁止的某种事物以专属权利"③。

财产权作为一种私人权力的观点源自洛克。洛克在《政府论》"论财产"章中指出，财产权是劳动者通过自身劳动而获得的一种对财产的天然占有的权力，"虽然自然的东西是给人共有的，然而人即是自己的主人，自身和自身行动或劳动的所有者，本身就还具有财产的基本基础。当发明和技能改善了生活的种种便利条件的时候，他用来维持自己

---

① ［美］迈克尔·哈特、［意］安东尼奥·奈格里：《大同世界》，王行坤译，中国人民大学出版社 2016 年版，第 5 页。

② ［美］迈克尔·哈特、［意］安东尼奥·奈格里：《大同世界》，王行坤译，中国人民大学出版社 2016 年版，第 5 页。

③ ［法］西耶斯：《论特权第三等级是什么?》，冯棠译，商务印书馆 1990 年版，第1 页。

的生存或享受的大部分东西完全是他自己的，并不与他人共有。所以，在最初，只要有人愿意对于原来共有的东西施加劳动，劳动就给与财产权"①。这是洛克对自然状态中劳动与财产权关系的定义。沿袭这种思想传统，当自然状态进入国家社会阶段后，国家通过"内部的法律规定了它们社会的私人财产，因而通过契约和协议确定了由劳动和勤劳所开创的财产——有些国家和王国之间通过缔结的盟约，明白地或者默认地放弃了对于为对方所占有的土地的一切要求和权利，从而根据共同的同意，放弃了它们对那些国家原有的自然的公有权利的主张，于是文明的协议就在地球上的个别部分和地区确定了它们之间的财产权"②。

在财产权与制宪权的关系中可以透视私有财产对法律的特权关系。从制宪权的定义来看，它作为一种创造法律的权力，它的存在高于法律，并不受原本法律的约束和管控。与此同时，制宪权的拥有者和决策者是属于人民的。在哈特和奈格里看来，制宪权在宪法中的作用是根本性的，然而，在现代资本主义社会中，这种制宪权脱离了人民，成为被操控的对象。"与其说制宪权在限定的公法中被清除出去，倒不如说它受到了权力关系的阻碍（并被排除出公民实践），而这种关系正是宪法的基础，其中最为根本的就是财产权。法律理论家解释道，在每一个形式宪法背后都隐藏着一个'实质的'宪法，后者可以理解为权力关系，其在具体的框架内奠定了成文法的基础，并确立了立法、司法解释和行政决定都必须尊重的方向和限度。财产权，其中也包括早先奴隶主的权力，是这种实质宪法的根本参数。"③

---

① 〔英〕洛克：《政府论》下篇，叶启芳、瞿菊农译，商务印书馆 1964 年版，第 29 页。

② 〔英〕洛克：《政府论》下篇，叶启芳、瞿菊农译，商务印书馆 1964 年版，第 30 页。

③ 〔美〕迈克尔·哈特、〔意〕安东尼奥·奈格里：《大同世界》，王行坤译，中国人民大学出版社 2016 年版，第 6 页。

　　而在现代资本主义社会中，财产权操控制宪权的最重要也是最关键的例子就是美国宪法中持枪权的确立。持枪权之所以能够被确立，其根本原因在于它具有保护个人的私有财产不受他人干涉的功能。然而，持枪被允许虽然一方面能够带来对自身财产的保障，但另一方面也带来了更大的问题，即它对除持枪人自身之外的其他人的安全以及社会共同的、普遍的权利构成了威胁。这很明显与法律设置的初衷相悖。法律不仅要保障公民的安全而且它代表一种普遍性的公意，在卢梭看来，"法律的对象永远是普遍性的，我的意思是指法律只考虑臣民的共同体以及抽象的行为，而绝不考虑个别的人以及个别的行为"①。在这个意义上，显然，持枪权进入宪法颠倒了宪法原初的普遍性观念。

　　不仅如此，保障私有财产的宪法同时束缚甚至剥夺人的政治自由的权利。在亚里士多德看来，"人类在本性上作为一种政治动物"，它是社会中的政治主体，天然具有政治权利的自由。然而依照基于财产的现代共和主义的定义，它"排除或支配了那些没有财产的人"②。这就意味着只有拥有财产，才能拥有政治权利；没有财产，人就被排除在政治之外，从而剥夺了人的政治自由的权利。在这个意义上，只有将财产与个人捆绑在一起才能重新找回人本该拥有的政治自由的权利。由此可见，在以私有财产为基础的资产阶级宪法的作用下，"政治人（Homo politicus）由此变成了财产人（Homo proprietarius）"③。

　　在考察了私有财产与共和国的法律关系的基础上，可以说，在资本

① ［法］卢梭：《社会契约论》，何兆武译，商务印书馆 2003 年版，第 46—47 页。
② ［美］迈克尔·哈特、［意］安东尼奥·奈格里：《大同世界》，王行坤译，中国人民大学出版社 2016 年版，第 5 页。
③ ［美］迈克尔·哈特、［意］安东尼奥·奈格里：《大同世界》，王行坤译，中国人民大学出版社 2016 年版，第 7 页。

主义社会中，无论是资本还是法律，都与私有财产的财产权制度密切相关。私有财产是使资本的形成和积累成为可能的前提，没有私有财产制度的确立，资本就无法存在。而在法律层面，"一切法律都是私法，公法只是资产阶级法学理论家想象出来的意识形态修辞罢了。对我们来说最为重要的事实是，财产的概念以及对财产的保护，依然是所有现代政治构造的基础。从这个意义来说，从伟大的资产阶级革命直到今天，共和国一直是财产的共和国"①。而"'财产共和国'的诞生意味着资本统治权的正式形成。这是因为，在财产共和国中，资本的权力已经突破了经济权力的界限，成为了政治权力；并且这种权力已经获得了合法性和普遍性的外衣，成为社会的普遍权力"②。由此可见，变革资产阶级社会、恢复人的自由权利，其首要的攻击对象就是这一财产的共和国。而对抗财产共和国的根本就在于其内在的法律保障及其维护的私有财产本质。

二、反抗资本主义的私有财产本质

马克思在手稿中指出了私有财产的根源，"私有财产是外化劳动即工人对自然界和对自身的外在关系的产物、结果和必然后果"③。可见，私有财产的本质是人的劳动，只不过是外化的劳动。劳动作为人的自由自觉的活动，本应该是人的生命的展现，但是作为私有财产本质的劳动却表现为人本身的异化和人的生命的丧失，"对于通过劳动而占有自然界的工人来说，占有表现为异化，自主活动表现为替他人活动和表现为他人的活动，生命的活跃表现为生命的牺牲，对象的生产表现为对象的

---

① ［美］迈克尔·哈特、［意］安东尼奥·奈格里：《大同世界》，王行坤译，中国人民大学出版社 2016 年版，第 9 页。
② 王庆丰：《资本统治权的诞生》，《国外理论动态》2018 年第 8 期。
③ 《马克思恩格斯文集》第 1 卷，人民出版社 2009 年版，第 166 页。

丧失，即对象转归异己力量、异己的人所有"①。可见，私有财产作为一种异化的形式，在本质上是与人的劳动和人的生命相关的。也就是说，私有财产不应该被看作发生和存在于人之外，而应该内在于人之中。因此，反抗或扬弃资本主义私有财产的财产权制度不应该采取那些与人无关的、在人之外的斗争。斗争必须深入人的劳动和生命之中，因为只有"劳动才是私有财产的积极内容"②。

在最初的资本主义生产关系中，劳动作为资本有机构成中的可变资本而存在。这时的劳动在资本的内部集聚起来，并且受到资本的控制。在资本控制的生产过程中，劳动只能采取与生产资料相结合的社会生产模式，并最终使其自身对象化到劳动产品之中。但是，这种资本主义的社会生产模式在今天已经发生了变化，劳动并不仅仅被限制在与生产资料结合的生产关系中。在当代资本主义社会中，资本的生产已经不再局限于物质生产劳动之上，今天主要进行的是非物质劳动的生产。物质生产劳动需要劳动者与生产资料的结合，这表现为劳动进行的资本主义生产；而非物质生产劳动，在某种意义上也是生命政治劳动，可以脱离于资本的关系而独立进行生产创造活动。也就是说，它能够使生产劳动与资本之间的有机构成解体，并切断二者之间依赖关系，使原本作为可变资本的劳动转变为脱离资本的自主性劳动，从而以这种自主性的形式进行自身以及社会关系的生产。

在资本有机构成出现问题的阶段，生命政治劳动提供了一种与之前不同的资本与劳动的关系。首先，生命政治劳动具有自主性，在生产过程中不受资本的管控，它能够不依赖于客观物质条件进行生产，而且至

---

① 《马克思恩格斯文集》第 1 卷，人民出版社 2009 年版，第 168 页。

② ［美］迈克尔·哈特、［意］安东尼奥·奈格里：《大同世界》，王行坤译，中国人民大学出版社 2016 年版，第 13 页。

少在进行生命政治劳动的过程中，这种劳动是受自我支配的，是自我生命的表达，不受资本的控制。其次，生命政治劳动的产物是生命本身，而非外在的、对象化的产品。生命政治劳动生产包括图像、信息、知识、情感、符码，以及社会关系在内的生命政治产品。可以说，它生产他者和自身，"生产的客体其实也是主体，由社会关系或者生命形式所规定"①。最后，生命政治劳动再生产社会关系的丰富性，而非对当前社会关系的维持。"马克思认识到资本的实质是一种社会关系，或者说，是通过商品生产和剩余价值创造而导致的对社会关系持续不断的再生产。"② 这种资本为了创造剩余价值而进行的社会关系的再生产，实质上是对当前社会关系的重复，目的是维持当下的社会关系，并没有产生社会关系的新形态。而生命政治劳动不仅再造生命本身，而且是对生命之间进行交互的社会关系的再生产，这种再生产是对共同性的持续不断的改造和丰富，因而通过生命政治劳动，社会关系能够得到不断的充实与更新。可见，生命政治劳动使劳动概念回到了人本身之中，"生命政治劳动力的能力逾越工作领域，充满整个生命"③。

奈格里对当下的资本主义生产形式进行了阐述，"经济生产正在经历一个过渡时期，其造成的后果是，资本主义生产的产品就是社会关系和生命形式。也就是说，资本主义生产正在变成生命政治生产"④。

---

① ［美］迈克尔·哈特、［意］安东尼奥·奈格里：《大同世界》，王行坤译，中国人民大学出版社 2016 年版，第 100 页。

② ［美］迈克尔·哈特、［意］安东尼奥·奈格里：《大同世界》，王行坤译，中国人民大学出版社 2016 年版，第 101 页。

③ ［美］迈克尔·哈特、［意］安东尼奥·奈格里：《大同世界》，王行坤译，中国人民大学出版社 2016 年版，第 111 页。

④ ［美］迈克尔·哈特、［意］安东尼奥·奈格里：《大同世界》，王行坤译，中国人民大学出版社 2016 年版，第 98—99 页。

因此，随着生产进入生命政治语境，资本的剥削对象发生了变化，原来的资本主义剥削是对物质商品的剩余价值的剥削，"私有财产在其资本主义形式中，产生了完全意义上的剥削关系——将人的生产视为商品"①。可是在生命政治语境中，"当下的资本主义积累更多地在劳动过程之外实现，如剥削就以剥削共同性的形式得以实现"②。资本主义社会之所以要对共同性进行剥削，一方面由于共同性是一种财富得以生产的形式，它不仅可以促进物质商品的价值增值，它本身也是社会价值的一部分；另一方面，共同性是生命政治劳动的产物，它代表劳动向人的生命本质的复归，这与构成资本主义私有财产制度的异化劳动形式是相悖的。

可见，摆脱当下资本的私有化必须深入生命政治语境当中，通过构建并发展共同性来实现。哈特和奈格里指出："理解当下经济生产的关键就是共同性，这既是一种生产力，也是一种财富得以生产的形式。但正如马克思所说，私有财产让我们变得愚蠢，如此愚蠢以至于对共同性视而不见！看来，经济学家和政治学家看待世界的概念只有公有制和私有制，要么为国家所有，要么为资本家所有，就好像共同性不存在一样。"③事实上，共同性既不同于公有制，也不同于私有制，它体现为一种共有的观念。尤其是在当前信息经济和知识生产的时代，共同性作为生产的前提和结果对于生命政治生产来说是根本性的，它表

---

① ［美］迈克尔·哈特、［意］安东尼奥·奈格里：《大同世界》，王行坤译，中国人民大学出版社 2016 年版，第 14 页。

② ［美］迈克尔·哈特、［意］安东尼奥·奈格里：《大同世界》，王行坤译，中国人民大学出版社 2016 年版，第 102 页。

③ ［美］迈克尔·哈特、［意］安东尼奥·奈格里：《大同世界》，王行坤译，中国人民大学出版社 2016 年版，第 200 页。

现了主体进行自主性创造的自由本性。在这个意义上，共同性的生产领域是"自由和创新的核心场所——自由交往、自由使用、自由表达和自由交往——这与私人控制相反，私人控制即是因为私有产权及其法律结构和市场力量而产生的控制。在此语境下，自由只能是共同性的自由"①。

共同性不仅表征了主体的自由本性，它还是生命政治劳动共同创造并共同享有的财富，这种共享的观念将劳动者与财产之间的关系普遍化，它剔除了财富私人占有的含义，转而强调生产和占有的社会化。显然，这种生产和占有的观念更符合马克思理想的社会财富的概念。"马克思从他的财产权历史研究得到著名结论：古代财富观念相比于现代观念的崇高性就在于，它把人本身、而不是财富当做生产的目的，因此，如果抛掉现代资产阶级的狭隘财产观念，对财富的更高理解就是生产力充分发展基础上的人的个性的全面普遍发展。这个更高的财富观念表现在财产权的具体制度形式上，就是联合起来的全体个人对社会财富总和的占有。"②

为了远离共同性被资本的腐化，为了更好地发展共同性，奈格里指出了一种斗争的形式——出走。根据出走的定义，它一方面强调生命政治劳动的生产能力，另一方面则意在摆脱资本对这种生产能力的强制作用。因此可以说，出走的斗争是从实现自主劳动和摆脱资本控制这两个相反的方向进行的，其目的就是要使人重新占有他们的劳动成果。在生命政治语境中，对劳动成果的重新占有就意味着对生命的重新占有。而这在马克思的视角中，就是对私有财产的扬弃，"对私有财产的积极的

---

① 〔美〕迈克尔·哈特、〔意〕安东尼奥·奈格里：《大同世界》，王行坤译，中国人民大学出版社 2016 年版，第 202 页。

② 张盾：《财产权批判与〈资本论〉的主题》，《江海学刊》2011 年第 6 期。

扬弃，就是说，为了人并且通过人对人的本质和人的生命、对象性的人和人的产品的感性的占有，不应当仅仅被理解为直接的、片面的享受，不应当仅仅被理解为占有、拥有。人以一种全面的方式，就是说，作为一个完整的人，占有自己的全面的本质"①。

---

① 《马克思恩格斯文集》第 1 卷，人民出版社 2009 年版，第 189 页。

第五章　自治运动的共产主义道路

　　奈格里提出的自治运动策略指向的是一种解放的共产主义道路，马克思的无产阶级革命也以实现共产主义为终极目标。如此来看，有必要对这种共产主义道路与马克思的共产主义道路有无不同以及如何不同进行区分。为了回答这一问题，首先应当对马克思的共产主义及其当代问题进行深入的了解，即在理清马克思共产主义的理论前提下，澄清共产主义在当代的失落及其被普遍误认的困境，回归对马克思共产主义的正确解读。只有深入到对共产主义概念的真正内涵和实质的理解，才能判断自治运动通向了何种共产主义，在何种意义上实现了共产主义的革新。最后，应当追问自治主体通过其自身的能力是如何指向其共产主义道路的。只有回答了以上的问题，我们才能对自治主体的共产主义解放道路及其行进方式有更深的理解。

第一节　共产主义道路及其当代问题

　　什么是共产主义，这个问题既是不证自明的，又是模棱两可的。共产主义作为一种表征人类解放的理想社会形态，始终代表人类寻求自身解放的前进道路，代表人类不断迈向美好生活的社会历史发展的必然趋势。正因如此，共产主义的崇高理想被人们普遍视作未来社会发展的终极目标，这一点是不证自明的。但对于共产主义道路应该如何走、当下社会距离共产主义所描述的社会形态还有多远、什么时候能够实现共产主义的问题，人们却又找不出确切的答案。这种观念与现实之间的鸿沟表明，人们对共产主义认识又是模棱两可的。这种模棱两可的认识也是共产主义实践的产物：一方面，现实生活中个人理想与共产主义远大理想之间的差距导致个人共产主义信念的松动；另一方面，苏联解体、共产主义运动在世界范围内遭遇挫折的事实，更使共产主义的前景受到质疑。在这样的客观背景下，探索共产主义的现实道路，走出共产主义理想与现实之间的鸿沟，坚定共产主义的理想信念，成为关系着当下社会中的人们继续寻求普遍解放的重大课题。

一、共产主义的批判性反思

共产主义不是马克思和恩格斯发明的概念，在他们之前，就已经存在关于共产主义的一些意见和观点。但是这些意见和观点与他们对共产主义的理解是不同的。马克思和恩格斯通过对早期的"社会主义""共产主义"进行批判性反思，否定了以往共产主义的粗陋性、狭隘性和空想性，突破了对共产主义的朴素式、乌托邦式的解读，为共产主义的发展开辟了广阔的空间。

马克思和恩格斯对共产主义早期理解的批判性反思主要是在《共产党宣言》这部著作中进行的。在《共产党宣言》中，他们提出了对反动的社会主义、保守的或资产阶级的社会主义以及批判的空想的社会主义和共产主义的批判。总体来看，这三种不同的社会主义、共产主义是不同历史时期的产物。如果以资产阶级取得统治地位的时段来划分，它们分别象征"回到过去""保守现在""空想未来"。它们无论如何都不代表先进的、革命的阶级，而是落后的、保守的阶级；不代表科学的共产主义，而是粗陋的、狭隘的共产主义。

首先，反动的社会主义是资产阶级统治时期旧社会的残余。在马克思和恩格斯看来，封建的社会主义、小资产阶级的社会主义、德国的或"真正的"社会主义是这些残余的代表。第一，封建的社会主义是由被消灭的封建阶级的残余构成的，他们一边拉着无产阶级的大旗，一边继续干着封建残余的勾当。对于新的统治阶级，它不采取任何形式的政治斗争，只进行文绉绉的表面评论，"半是挽歌，半是谤文，半是过去的回音，半是未来的恫吓；它有时也能用辛辣、俏皮而尖刻的评论刺中资产阶级的心，但是它由于完全不能理解现代历史的进程而总是令人感到可笑"①。第二，小资产阶级的社会主义与封建的社会主义不同，构成小资产阶级的社会主义的群体摇摆于资产阶级和无产阶级之间。从阶级性质上看，他们既有资产阶级属性，又有无产阶级属性。正因如此，他们一方面渴望上升到资产阶级，害怕降落到无产阶级；另一方面，他们又能够站在无产阶级的立场反对资产阶级。当然，这种反抗是不触动资产阶级根基的，只是这一群体为了保障自己阶级身份的哀鸣。马克思和恩格斯指出，在积极的意义上，"这种社会主义非常透彻地分析了现代生产关系中的矛盾。它揭穿了经济学家的虚伪的粉饰。它确凿地证明了机器和分工的破坏作用、资本和地产的积聚、生产过剩、危机、小资产者和小农的必然没落、无产阶级的贫困、生产的无政府状态、财富分配的极不平均、各民族之间的毁灭性的工业战争，以及旧风尚、旧家庭关系

---

① 《马克思恩格斯文集》第 2 卷，人民出版社 2009 年版，第 54—55 页。

和旧民族性的解体"①。但是在消极的意义上，"这种社会主义按其实际内容来说，或者是企图恢复旧的生产资料和交换手段，从而恢复旧的所有制关系和旧的社会，或者是企图重新把现代的生产资料和交换手段硬塞到已被它们突破而且必然被突破的旧的所有制关系的框子里去。它在这两种场合都是反动的"②。第三，德国的或"真正的"社会主义更是完全生活在封建旧社会的群体，他们没能经历封建阶级到资产阶级统治的更迭，没能站在更先进的历史现实中，却自诩能够以哲学话语透视现实的真理，从而揭示人的本质，代表一般人的利益。对此，马克思和恩格斯批判性地指出，这种社会主义"发展到最后，就直接反对共产主义的'野蛮破坏的'倾向，并且宣布自己是不偏不倚地超乎任何阶级斗争之上的。现今在德国流行的一切所谓社会主义和共产主义的著作，除了极少数的例外，都属于这一类卑鄙龌龊的、令人委靡的文献"③。

其次，保守的或资产阶级的社会主义是资产阶级占统治地位的现在时的社会主义，它的关注点在于"想要消除社会的弊病，以便保障资产阶级社会的生存"④。很明显，这种社会主义是在不触动资产阶级根基前提下的改良主义。他们寻求的是资产阶级旧世界的完美形态，而不是无产阶级通过革命斗争取得的新世界的解放道路。对此，马克思和恩格斯以讽刺的话语批判了这种社会主义的真实内核："自由贸易！为了工人阶级的利益；保护关税！为了工人阶级的利益；单人牢房！为了工人阶级的利益。这才是资产阶级的社会主义唯一真实的结论。资产阶级的社会主义就是这样一个论断：资产者之为资产者，是为了工人阶级的

---

① 《马克思恩格斯文集》第 2 卷，人民出版社 2009 年版，第 56—57 页。
② 《马克思恩格斯文集》第 2 卷，人民出版社 2009 年版，第 57 页。
③ 《马克思恩格斯文集》第 2 卷，人民出版社 2009 年版，第 60 页。
④ 《马克思恩格斯文集》第 2 卷，人民出版社 2009 年版，第 60 页。

利益。"①

最后，马克思和恩格斯还对于空想社会主义和共产主义进行了批判。空想是指没有深入到现实的关键问题当中却能觅得出路，在这个意义上，空想社会主义和共产主义就是在没有看到共产主义的关键问题的前提下总结出了解决问题的办法。共产主义不代表全部社会集团的利益，而是有着确定的利益倾向，代表确定的革命目标。关于共产主义所代表的阶级利益及其目标的问题，恩格斯在《共产主义原理》的开篇就回答了，"共产主义是关于无产阶级解放的条件的学说"②。关于无产阶级以及这个阶级——而不是其他的阶级——的解放问题才是共产主义所要探讨的核心问题。反对以无产阶级为主体所进行的阶级斗争，无视共产主义与无产阶级之间的决定性关系，无法正确理解共产主义。

空想的社会主义和共产主义者之所以沉浸在空想之中，在马克思和恩格斯看来，是因为这些"本来意义的社会主义和共产主义的体系，圣西门、傅立叶、欧文等人的体系，是在无产阶级和资产阶级之间的斗争还不发展的最初时期出现的"③。在这个初级阶段，无产阶级的发展并不完全，无论是物质基础还是自身地位，都没有展现出对于阶级斗争的决定性作用。因此，这些体系的发明家虽然看到了无产阶级，看到了他们受到苦难的现实状况，但只是把他们当作整个社会斗争的一部分而已。在这一客观历史条件下，"他们看不到无产阶级方面的任何历史主动性，看不到它所特有的任何政治运动。"④ 因此，也就更看不到只有实现无产阶级的解放才能实现共产主义的条件。在这一前提之下的斗争之路、解

---

① 《马克思恩格斯文集》第 2 卷，人民出版社 2009 年版，第 61 页。
② 《马克思恩格斯文集》第 1 卷，人民出版社 2009 年版，第 67 页。
③ 《马克思恩格斯文集》第 2 卷，人民出版社 2009 年版，第 62 页。
④ 《马克思恩格斯文集》第 2 卷，人民出版社 2009 年版，第 62 页。

放之路，虽然有积极地、"批判地成分"①在内，但是始终没有抓住无产阶级的阶级斗争和阶级对立的彻底性，没有抓住解放无产阶级才能取得革命胜利的关键，反而采取了向统治阶级呼吁的和平途径，并希望通过这一途径解决阶级对立。显然，这是一种"空想"。

对于这种空想的性质，马克思和恩格斯指出："批判的空想的社会主义和共产主义的意义，是同历史的发展成反比的。阶级斗争越发展和越具有确定的形式，这种超乎阶级斗争的幻想，这种反对阶级斗争的幻想，就越失去任何实践意义和任何理论根据。所以，虽然这些体系的创始人在许多方面是革命的，但是他们的信徒总是组成一些反动的宗派。这些信徒无视无产阶级的历史进展，还是死守着老师们的旧观点。因此，他们一贯企图削弱阶级斗争，调和对立。"②

马克思和恩格斯对早期社会主义、共产主义的批判表明，以往的早期观念，尤其是早期的社会主义主张，与他认知的共产主义是相悖的。这也在一定意义上回答了为什么他们在宣告自己的理论主张时，没有使用以往广泛流行的社会主义一词，而使用了共产主义。其中详细的原因，恩格斯在《共产党宣言》1890年德文版序言中已经做出了解释，"当《宣言》出版的时候，我们不能把它叫做社会主义宣言。在1847年，所谓社会主义者是指两种人。一方面是指各种空想主义体系的信徒，特别是英国的欧文派和法国的傅立叶派，这两个流派当时都已经缩小成逐渐走向灭亡的纯粹的宗派。另一方面是指形形色色的社会庸医，他们想用各种万应灵丹和各种补缀办法来消除社会弊病而毫不伤及资本和利润。这两种人都是站在工人运动以外，宁愿向'有教养的'阶级寻求支持。

---

① 《马克思恩格斯文集》第2卷，人民出版社2009年版，第63页。
② 《马克思恩格斯文集》第2卷，人民出版社2009年版，第64页。

相反，当时确信单纯政治变革还不够而要求根本改造社会的那一部分工人，则把自己叫做共产主义者"①。在恩格斯看来，从当时社会主义和共产主义的不同表征出发，社会主义意味着资产阶级的运动，共产主义则意味着工人的运动。由于他和马克思当时已经十分坚决地认定工人的解放应当是工人阶级自己的事情。② 因此，共产主义就成了能够准确代表二人无产阶级革命主张的概念。

综上所述，在对共产主义问题的理解上，马克思和恩格斯实现了对早期共产主义粗陋性、狭隘性和空想性的批判性反思，驱除了长期盘旋在共产主义之上的阴霾，推动了共产主义在理论与实践活动中的发展。需要注意的是，马克思和恩格斯虽然抛弃了早期社会主义的提法，使用了共产主义代表其革命的观念，但这并不意味着，"社会主义"一词不再被使用。"19 世纪 70 年代以后，马克思恩格斯也开始把自己的社会主义主张称为'科学社会主义'，或直接称为'社会主义'。恩格斯在1872 年《论住宅问题》一文中首先使用了'科学社会主义'概念。"③ 从而用"科学社会主义"来区别于"早期的社会主义"。

二、共产主义的现实道路

马克思和恩格斯对共产主义的批判性反思揭示了共产主义不是什么，克服了横在正确理解共产主义面前的障碍，实现了对歪曲了的共产主义的还原，重新将共产主义放到了革命的起点之上。不仅如此，马克思还在思想上指出了共产主义是什么，发现了从人的异化到人的解放之路，从而将共产主义从幻想的天国带回到人间，落到了人本身之上。更

---

① 《马克思恩格斯文集》第 2 卷，人民出版社 2009 年版，第 21 页。

② 参见《马克思恩格斯文集》第 2 卷，人民出版社 2009 年版，第 21 页。

③ 秦刚：《社会主义、共产主义概念的源流梳理》，《科学社会主义》2015 年第 5 期。

重要的是，他将这种思想之路浸入到资本主义社会的现实之中，具体化为批判资本逻辑的现实运动，从而在消灭现存的实践活动中进一步去理解共产主义。这是马克思在历史唯物主义视域下对共产主义的科学阐释，为我们指明了通向共产主义的现实道路。

在马克思看来，"共产主义是对私有财产即人的自我异化的积极的扬弃，因而是通过人并且为了人而对人的本质的真正占有；因此，它是人向自身、也就是向社会的即合乎人性的人的复归，这种复归是完全的复归，是自觉实现并在以往发展的全部财富的范围内实现的复归"①。这是马克思对共产主义是什么这一问题的经典表述。那么，应该如何去理解这段经典表述中涉及到的核心：共产主义与私有财产的关系呢？

合乎逻辑地理解二者关系的重点在于正视"积极"和"真正"这两个词所表达的意义。粗陋的共产主义就是因为没有认识到这两个词的真正含义，所以它仍然停留在私有财产的阶段，或者说，它仅仅停留在对扬弃和占有的普遍意义之上，从而并没有真正的超越私有财产。从粗陋的共产主义出发，共产主义是在一种私有财产的普遍性意义上存在的。依照这一观念，只要把私有财产的关系转移到一种共同体的关系上就可以实现共产主义。马克思以对"公妻制"的批判表明，这种共产主义只是用普遍的私有财产来反对私有财产的运动，由此表达了他对这种粗陋的共产主义的唾弃态度。"公妻制——也就是把妇女变为公有的和共有的财产——来反对婚姻（它确实是一种排他性的私有财产的形式）。人们可以说，公妻制这种思想是这个还相当粗陋的和毫无思想的共产主义的昭然若揭的秘密。正像妇女从婚姻转向普遍卖淫一样，财富——也就

---

① 《马克思恩格斯文集》第 1 卷，人民出版社 2009 年版，第 185 页。

是人的对象性的本质——的整个世界，也从它同私有者的排他性的婚姻的关系转向它同共同体的普遍卖淫关系。"①事实上，公妻制所表达的共产主义只是一种想象中的、平均主义的含义，这"不仅没有超越私有财产的水平，甚至从来没有达到私有财产的水平"②。也就是说，虽然这种私有财产意图将自身设定为一种积极的共同体形式，但是它无论如何也无法做到积极的、真正的扬弃自身。由此，需要谨防这种粗陋的共产主义对真正的共产主义的影响。

　　除此之外，一些对马克思共产主义的误读也构成了对理解真正共产主义的障碍，这种思想同样需要被去除。根据马克思对共产主义的表述，只有在物质生产力极大发展、物质财富极大丰富的条件下，共产主义才可能实现。这里需要强调的是，马克思指出的是一种"可能"实现的条件，并不代表在这些条件都达到的时候共产主义的解放就能够自然降临。然而，就是马克思的关于共产主义的这一段表述，被许多庸俗的学者误解了。他们要么将马克思关于共产主义解放的思想等同于生产力的极大发展；要么就将共产主义的解放固化在生产的物质层面。这两种观点都直接歪曲了马克思的共产主义本意。把共产主义完全等同于生产力的发展，从这种观点出发，似乎只要能够提高生产力的方法和策略都是共产主义的依靠。但是，在马克思看来，资本主义从它产生的那一刻起，创造了远超之前社会的生产力，依照这样的逻辑，难道共产主义的实现有赖于资本主义？显然，这是极其荒谬的。资本主义带来的于生产力的巨大发展可以视作共产主义实现的伟大历史进程中一个阶段，但却不是共产主义实现的全部。相反，实现共产主义必须要超越资本主义的

---

① 《马克思恩格斯文集》第 1 卷，人民出版社 2009 年版，第 183 页。
② 《马克思恩格斯文集》第 1 卷，人民出版社 2009 年版，第 184 页。

历史阶段。与此同时，如果仅仅依靠生产力的发展来衡量共产主义实现与否，那么共产主义就不再是作为一种需要"追求"和"斗争"的未来了，我们可以静静地等待生产力的发展，并期待共产主义自然而然的到来。毫无疑问，这种观点也完全远离了共产主义的内涵，必须要去除这种错误的思想。

去除了阻碍正确理解马克思对共产主义解读的干扰之后，如何回到马克思的思想路径上去真正地消灭私有财产呢？在马克思看来，这需要在理论与现实的双重关照下进行，这两条道路都是不可或缺的。按照《1844年经济学哲学手稿》对共产主义的解读，好像我们在思想上消灭了私有财产，就达到了实现共产主义的条件。但在马克思看来，这种对人的本质的占有"是以否定私有财产作为自己的中介的，因而还不是真正的、从自身开始的肯定，而只是从私有财产开始的肯定，人的生命的现实的异化仍在发生，而且人们越意识到它是异化，它就越成为更大的异化；所以，它只有通过共产主义的实际实现才能完成"[1]。由此，马克思得出判断："要消灭私有财产的思想，有共产主义思想就完全够了。而要消灭现实的私有财产，则必须有现实的共产主义行动。历史将会带来这种共产主义行动，而我们在思想中已经认识到的那个正在进行自我扬弃的运动，实际上将经历一个极其艰难而漫长的过程。"[2]马克思的判断在思想与现实这两个层面对如何实现共产主义的问题进行了划分，并得出两个重要结论：一是消灭私有财产必须进行现实运动；二是消灭私有财产的现实运动经历是艰难的、漫长的。这两个结论表明，实现共产主义需要现实运动，这种现实运动不是一朝一夕就能解决的问题，它指

---

① 《马克思恩格斯全集》第42卷，人民出版社1979年版，第139—140页。

② 《马克思恩格斯全集》第42卷，人民出版社1979年版，第140页。

向的是长期的、遥远的未来。

　　至此，马克思已经将共产主义从思想之路引入到现实之路。那么应该进行何种共产主义的现实运动？怎样进行这种现实运动呢？马克思在《德意志意识形态》中，从历史唯物主义出发指出了何为现实的共产主义运动。"共产主义对我们来说不是应当确立的状况，不是现实应当与之相适应的理想。我们所称为共产主义的是那种消灭现存状况的现实的运动。这个运动的条件是由现有的前提产生的。"① 这段马克思对共产主义的表述不仅提出了共产主义是消灭现存状况的运动，而且指明了现存状况这个客观历史的前提性作用。它将共产主义从理想信念的彼岸世界拉回到了现实的此岸世界，赋予了共产主义以实在性。由此出发，只要在一定的客观现实条件下进行消灭现存状况的运动，就是在实现共产主义。相反，任何脱离客观现实的运动，任何不触及现存状况、不主张消灭现存状况的行动，都可以看作是对实现共产主义的背离。

　　在资本主义社会中，最大的现存就是资本主义，所以要在现实社会形态中去认识共产主义、实现共产主义，首先要批判资本主义。然而，对共产主义与资本主义之间的关系问题存在一种普遍的误解，那就是只有消灭资本主义才能实现共产主义，共产主义是超越资本主义的最终形态。这种误解将共产主义和资本主义完全对立，以非辩证的思维方式对待二者的关系，得出了非此即彼的结果，最终将共产主义推到了遥远的彼岸。事实上，这绝不是马克思的思维方式。相反，却是已经被马克思扬弃了的以往的哲学家的思维方式。马克思主张在"批判旧世界中发现新世界"，而不是事先形而上学地设定好彼岸世界。依照马克思的观点，

---

① 《马克思恩格斯文集》第 1 卷，人民出版社 2009 年版，第 539 页。

共产主义就蕴含在资本主义世界中，就在批判和超越资本主义的过程中不断实现。詹姆斯·劳洛在《马克思主义哲学和共产主义》中就已经清晰地认识了这一点，"去理解共产主义，不是去把它当作本质上与资本主义分离开的东西而同资本主义相对照。去理解共产主义就是去理解资本主义本身因为资本主义的动态变迁或演化包括着共产主义的出现"①。在这个意义上，共产主义就在当下的资本主义批判之中，并在批判的进程中不断地指向未来。

在《资本论》中，马克思将对资本主义的批判深入到社会生产关系的层面，找到了扬弃私有财产从而进行资本批判的现实道路——资本逻辑批判。《资本论》作为人的存在的"现实的历史"，表征着人在现实的社会生产过程中的生产关系，这一过程是以对资本逻辑运动的批判来实现的。资本逻辑的运动不是资本主义经济关系的表现形式，而是资本主义经济规律产生的前提。正是通过对资本逻辑的揭示，马克思发现了人的存在的客观的现实基础。在这个意义上，《资本论》揭示的资本逻辑运动指明了现实的生产过程中资本与人的关系以及人所处的生存境遇，为人类解放的道路提供了客观条件。

这样，扬弃私有财产的思想、批判资本主义现实、揭露资本逻辑所掩盖的资本对人的剥削性的生产关系、以实践打破这种生产关系实现人的解放，构成马克思从思想到现实、从现实到实践去阐释共产主义的逻辑进程。在这一进程中，马克思发现了被普遍误认的共产主义的真正面貌。与此同时，从实践的角度去解读共产主义，更赋予了共产主义广阔的未来空间。于是，在马克思那里，共产主义成为了以不同历史时期的

---

① [美]詹姆斯·劳洛：《马克思主义哲学和共产主义》，载欧阳康主编：《当代英美哲学地图》，人民出版社 2005 年版，第 644 页。

客观现实为基础的，在实践中不断发展的共产主义运动。这一点列宁看得最为透彻，他指出，马克思对共产主义的贡献的"伟大意义，就在于他在这里也彻底地运用了唯物主义辩证法，即发展学说，把共产主义看成是从资本主义中发展出来的"①。

十月革命的胜利以及世界第一个社会主义国家的建立，是共产主义实践在那个年代的成果。在此成果的基础上，列宁通过总结共产主义理论与实践经验，对共产主义和社会主义进行了新的区分，实现了对共产主义的"新认识"。在列宁看来，社会主义与共产主义不是同义反复，社会主义只是共产主义还未达成的一个低级阶段。"社会主义同共产主义在科学上的差别是很明显的。通常所说的社会主义，马克思把它称作共产主义社会的'第一'阶段或低级阶段。既然生产资料已成为公有财产，那么'共产主义'这个名词在这里也是可以用的，只要不忘记这还不是完全的共产主义。"② 在这之后，还要过渡到共产主义社会的高级阶段。相比马克思对共产主义是什么的科学性解答，列宁划分共产主义与社会主义的重要意义就在于他排列出了共产主义未来历程的阶段图，给出了共产主义未来道路中的关键坐标，对共产主义的实现具有重要的指导作用。

三、共产主义的困境与出路

共产主义是无产阶级实现自身解放的终极目标和方向，是一项旨在全人类解放的革命事业。"一个幽灵，共产主义的幽灵，在欧洲游荡"③，马克思在《共产党宣言》中提出的这句话语在那个躁动不安的年

---

① 《列宁选集》第 3 卷，人民出版社 2012 年版，第 200 页。
② 《列宁选集》第 3 卷，人民出版社 2012 年版，第 199—200 页。
③ 《马克思恩格斯文集》第 2 卷，人民出版社 2009 年版，第 30 页。

代引导了欧洲的共产主义革命浪潮，它无时无刻不在向我们展示着资本主义所面临的幽灵式的敌手以及持续存在的危机。在 19 世纪到 20 世纪的革命运动进程中，共产主义运动既有高潮的阶段，也不乏低落之时。

但随着欧洲共产主义革命运动的相继落幕，共产主义革命似乎在很长的一段时间内归于了平静。尤其是在 20 世纪冷战结束后的时段，随着苏东剧变带来的作为社会主义标杆的苏联的解体，共产主义运动也降到了冰点并被普遍忽视。然而，苏联的解体并不是共产主义解放运动被忽视的唯一因素。在某种程度上，社会运动所带来的资本主义的内在改良过程，以及由此提出的民主与自由的启蒙主义话语似乎也预示着人类不一定需要共产主义就可以逐步的实现解放的目的。也就是说，人类的解放似乎可以通过共产主义之外的其他途径去实现。另外，还有一批学者认为共产主义作为通往全人类解放的道路被印证为一种革命的乌托邦，它没有在任何革命运动中真正实现。也就是说，共产主义愈来愈被认作是一种纯粹的天国式的幻想，它在现实当中的遭遇证明了它无法在凡间存在。这也说明，即使在一定程度上消灭了资本主义，共产主义也没有实现。或者说，共产主义远没有它在人们理想信念中设想的那样美好。不仅如此，共产主义作为远大理想标定的是无产阶级的普遍解放，是无产阶级在社会政治层面的解放。这种远大理想与现实生活中的个人理想相差甚远。坚定共产主义信念与个人理想的实现并无明显关联，个人理想的实现过程也并未表现为对共产主义远大理想实现的促进作用。这导致社会中的个人动摇了共产主义的理想信念。这一系列关于共产主义的理论困境与现实遭遇共同导致了它在当前时代的没落，导致了原本的一些革命者叛离了共产主义。

在革命的无产者抛弃了共产主义之后的很长一段时间内，无论是社会的改良还是其他的社会运动，虽然能够在小范围内产生一定的影响，但是在全人类解放的宏观视域下，无产者的遭遇似乎并没有出现多大的好转。相反，随着资本全球化的到来，资本不仅继续实行原本对无产阶级的剥削，而且还将这种剥削深入到社会生活的方方面面，深入到人的社会存在以及社会关系的每一个角落。事实证明，抛弃了共产主义信念之后的无产阶级解放似乎走向了它的反面，走向了更深的禁锢空间。针对这种状况，大卫·哈维指出，"今天，这种重新定义共产主义的尝试显得尤为紧迫，其原因不仅在于地球上的大多数人都在苦苦挣扎的悲惨境况，也在于资本主义体系内不可逆转的环境恶化和日益频繁的自我毁灭性的短期危机"①。正是基于这样的背景，西方学者尤其是其中的革命派别喊出重新唤起共产主义的心声，期望共产主义信仰重回人类的解放道路之上。

事实上，抛弃共产主义、动摇共产主义理想信念的问题，归根到底在于没能运用历史唯物主义和辩证的方法去科学地看待共产主义及其实现过程，由此导致了对共产主义片面性的理解。苏联解体虽然成为共产主义运动暂时失败的现实，但它不能完全代表共产主义及其运动在资本主义全球化发展的无能。不如说，共产主义运动从未停止过它的脚步。从共产主义的运动形式来看，在马克思、列宁等人所处的时代，采用的是暴力革命的方式打破资本主义的国家机器，实现无产阶级在民族国家内的政治解放，随后通过社会主义消灭阶级关系，逐步走上人类解放的历程。但从苏联解体时期全球化的客观现实来看，"和平与发展"而非"战争与革命"才是时代的主题，暴力革命夺取无产阶级政权在新的历

---

① ［美］大卫·哈维：《解释世界还是改造世界——评哈特、奈格里的〈大同世界〉》，王行坤译，《上海文化》2016 年第 2 期。

史时期已经不再适用于无产阶级的解放，共产主义运动应当转变形式。但这却不是共产主义本身的无能而是历史的客观规律的选择。因为"在将来某个特定的时刻应该做些什么，应该马上做些什么，这当然完全取决于人们将不得不在其中活动的那个特定的历史环境"①。苏联解体毫无疑问是共产主义低级阶段的社会主义运动的暂时失败，但失败的运动同样也是共产主义的一部分。从社会主义向共产主义前进的道路不是形而上学地预设好的，而是通过社会实践不断探索出来的。以实践的运动方式进行社会主义的建设本身就是共产主义。即使这种探索失败了，但它只是整体中某个环节的失败，不能夸大为共产主义整体的失败，不能作为抛弃共产主义的理由。相反，在另一层面，这一环节还为接续的共产主义运动提供了宝贵的实践经验。

共产主义远大理想的实现，与个人理想的达成是密不可分的。从共产主义为了实现无产阶级的普遍解放的角度来看，这意味着马克思所说的"人的自由而全面发展"目标的达成。马克思在《共产党宣言》中论及这种全面发展的过程中又特别强调："每个人的自由发展是一切人的自由发展的条件。"② 这就是说，虽然共产主义的目标是一切人的自由发展，但是想要实现它，个人的自由发展却是首要的，不可或缺的，是一切人自由发展的前提。个人理想实现所带来的成就本身就包括个体自由的发展，按照这个逻辑，个人理想达成与否——关乎到个体自由的发展乃至一切人的自由发展——必然决定着共产主义远大理想能否实现。在这个意义上，个人理想作为环节与共产主义的远大理想构成了一个统一的整体，每一个环节发展都是整体发展的一部分，都蕴含在整体的建构

① 《马克思恩格斯全集》第 35 卷，人民出版社 1971 年版，第 30 页。
② 《马克思恩格斯文集》第 2 卷，人民出版社 2009 年版，第 53 页。

之中。因此，不能离开共产主义远大理想的整体去空谈个人理想，也不能因个人理想的渺小而忽视其对实现共产主义远大理想所能起到的根本性的作用。个人理想的达成历程，同样也是共产主义远大理想的实现历程。

这里需要注意的是，个人的自由发展的实现是一个漫长的过程。马克思提出了"人的历史发展的三种社会形式：人的依赖关系；以物的依赖性为基础的人的独立性；建立在个人全面发展和他们共同的、社会的生产能力成为从属于他们的社会财富这一基础上的自由个性"①。在马克思所揭示的这段个人自由发展的历程中，资本主义实现了人的发展的"以物的依赖性为基础的人的独立性"阶段，它取代了旧式的"人的依赖关系"，为个体自由的发展提供了坚实的土壤。在这个意义上，资本主义对个体自由乃至整个人类的全面发展上起着积极作用，推动着共产主义的发展，这是马克思在批判资本主义的过程中同时肯定资本主义历史价值的主要原因之一。可见，资本逻辑在剥削人的境遇下，同时也带给人以动力。因此，在剥削中斗争，在斗争中实现个人自由的发展，这才是通往共产主义的现实道路。

综上，面对共产主义的困境，一方面要抓住造成这一问题的关键，澄清在共产主义认知上的误解与偏颇，重新坚定并确立共产主义现实道路；另一方面要在新的客观环境下，以共产主义的科学理论指引实践道路，走出共产主义的困境。那么，在当代资本主义全球化的现实背景下，在资本逻辑的触角进入社会生活领域加深对人的剥削的过程中，共产主义应当如何继续发展，其实践应当采取何种形式呢？

---

① 《马克思恩格斯文集》第 8 卷，人民出版社 2009 年版，第 2 页。

第二节　自治运动对共产主义道路的探索

自治主体根据其内在的能力具有变革资本主义的可能性，从而指向一种通往解放的道路。依照马克思的无产阶级革命最终通向共产主义的道路的逻辑来看，自治运动也是以全人类的解放为目的，它所通向的未来空间应该是共产主义。那么，奈格里提出的自治主体的共产主义与马克思的共产主义是否一致？如果二者是一致的，那么自治运动与马克思的革命有何不同，如果不一致的话，那么自治主体的运动开创了何种不同的共产主义道路？

一、建构性的共产主义道路

什么是马克思的共产主义？总的来看，对于共产主义概念的理解既要远离早期的粗陋性，又要避免片面性地误认。因为任何一种不合时宜的解读都会打破未来解放的希望。必须认识到共产主义的真正实质，只有在此基础上，解放事业的寻求才是有意义的。马克思虽然揭示了共产主义的实质问题，但苏东剧变带来的苏联解体在一定程度上使共产主义事业遭受了巨大的打击。因为这一赤裸裸的现实表达了共产主义无法在实际的解放斗争中实现的事实。在这里，说实现了共产主义或者说共产主义的实现实际上预设了一个前提，那就是共产主义代表一种理想的社会状态。也就是说，共产主义在这里是作为一种确立的形态或者说是我们进行革命斗争的最终目标来定义的。没有达到这一目标就是没有实现共产主义。这种对共产主义的理解普遍存在与大部分人的思想当中。然而，在马克思对共产主义的定义中，共产主义是"消灭现存的运动"，这是在实践中否定和消灭资本主义的基础，这里深刻地蕴含着马克思对于共产主义的辩证理解。但辩证法不仅有否定向度，更有超越向度。由此，共产主义不仅仅是消灭现存状态，同时也要超越现存状态。超越表达着一种运动的趋势，也就是说，这种运动不是在否定了当下的状况之后就停止了，它代表的是不间断地运动，这才能给未来无限的信心。在这个意义上，即使未来无产阶级实现了普遍的解放，进入到共产主义社会当中，也不代表共产主义的完结。因为无产阶级的完全解放，只代表彻底地消灭了人类社会历史上的不平等阶段，按照马克思的说法，人终于成为了自由而全面发展的人、成为了自由人联合体当中的人。但这并不代表人的社会关系的终结，人仍然要在真正成为人的新的起点之上继续解决未来的社会矛盾，推动人类社会继续向前发展，这才是共产主义关于未来发展精髓的真正所在。

事实上，在哈特和奈格里的话语体系中，作为自治主体的解放形式的"激进的民主政治"与这种共产主义运动是相契合的。激进的民主政治与民主制不同，可以说，激进的民主政治不是真正的民主制，它代表的是通向真正民主制的途径。这是因为，民主制只是作为一种政治制度出现的，它代表的是一种假设已经实现了的民主，但却并不是真正的民主。因为真正的民主在国家和市民社会存在的现实的前提下几乎是不可能实现的，它只在本体论的层面存在。而激进民主表达为一种绝对民主，它是指那种"所有人拥有的、并为了所有人的民主，将自己视为社会主体的一种不断的建构"①。它不是固定的，而是一种不断否定的立场，它表达的是一种面向未来的指向。相比于共产主义，从行动与目标相对照的角度，激进民主指向的目标是真正的民主，而共产主义道路的

---

① ［意］安东尼奥·内格里：《超越帝国》，李琨、陆汉臻译，北京大学出版社 2016 年版，第 183 页。

目标是解放。可见，激进民主与共产主义道路是同质的，二者都不是一种终极的目标。

在奈格里看来，"什么是共产主义的问题，都以非常核心的方式贯穿于马克思的文本中，从《1844年经济学哲学手稿》直到《德意志意识形态》都是如此（我们不能够忘记在《1844年经济学哲学手稿》一书中之后马克思思想的核心是什么这一问题）。这个问题，在它被界定的各种形式中，看起来更像是客观的描述，而并不具有方法论上的功能，更多的是一个研究过程中的先验客体而不是一种原动力"①。从这方面来看，马克思是从客观规律出发去看待共产主义问题，发现了资本主义必然灭亡的历史规律。在马克思的理解中，生产力和生产关系、经济基础和上层建筑的矛盾运动是导致资本主义灭亡的根本原因。在这个意义上，马克思依照矛盾的辩证运动来理解革命及其共产主义指向。在矛盾关系的运转过程中，交织的是革命运动与社会现状之间不断地肯定与否定的关系，直到这种二元对立之间矛盾达到无法调和的阶段，革命才会真正显现。因此，可以说，马克思的共产主义的分析是一种纯粹客观性的历史分析，表达的是一种必然性的历史规律。

与马克思的纯粹客观的解读路径不同，奈格里强调主体性、对抗性对共产主义的关系，并抵制客观性和辩证对立。在奈格里看来，一方面，依照客观性的理解会忽视主体性的作用；另一方面，辩证的方法在处理矛盾的运动中总是倾向于在总体性上调和矛盾的二元对立，它不以任何形式威胁并替代这一矛盾。虽然通过矛盾的否定性也能实现发展的

---

① ［意］奈格里：《〈大纲〉：超越马克思的马克思》，张梧等译，北京师范大学出版社2011年版，第193页。

目的，但是这种发展只是在原本矛盾的基础上发展，而不是推翻矛盾。奈格里指出："否定的方法是不够的。批判同时也是建构。共产主义必须被理解为尼采意义上的全面批判：不仅是对现有价值的破坏，而且是对新价值的创造；这不仅是对存在的东西的否定，而且是对产生的东西的肯定。"① 马克思主义批判的这一积极方面也必须以活劳动的思想和经验为基础。活劳动是一种内在的力量，它不仅是对资本主义生产过程的颠覆，而且是对一种替代品的建构。换句话说，活劳动力不仅表达为拒绝其抽象过程中资本主义的价值定量化和剩余价值的产生，也提出了一种替代性的价值模式。因此，活劳动是一种积极的力量，不仅是否定的力量，而且是肯定的力量。在活劳动自我价值化的过程中产生的主体性是创造新的社会关系的动因。

这种颠覆和创造性的方式是一种基于主体的对抗性的方式，运用这种方式，会产生新的使用价值和活劳动的力量。在这一过程中，共产主义在其建构过程中实现了全面发展。对于这种对抗性的逻辑的内涵，奈格里指出，"对抗的逻辑终结了所有二元论，绝不在其范围力接受敌人的经济现实。它拒绝辩证法，哪怕是在简单范围内。它拒绝所有两面性的客套话。对立过程在此倾向于发展为霸权：它要摧毁、镇压其敌人。"② 由此，从主体的对抗性及其建构性的立场出发，奈格里抛弃了一切客观主义、辩证主义的范畴，彻底地走向了革命的主体性话语之中。从奈格里的革命主体性话语出发，共产主义概念得到了重建。经过重建后的共产主义采取的是一种"过渡"形式。"过渡是一个完全持续的过

---

① Michael Hardt and Antonio Negri, Labor of Dionysus, Minneapolis: University of Minnesota Press, 1994, p.5.

② ［意］奈格里：《〈大纲〉：超越马克思的马克思》，张梧等译，北京师范大学出版社2011年版，第234页。

程，完全建立于最激进替代品所决定的空间。"① 共产主义之所以是过渡形式，是因为它被重建为一个需要被主体性创造的多样性不断扩展的世界，而不是一个固定的世界。在共产主义这个不断扩展的世界中，共产主义的任何一个阶段都始终处于动态之中，都表现为一个过程，它"具有主体性的形式，同时也是持续的实践"。② 在持续实践的每一个时刻，共产主义都指向被主体性不断建构的、通向未来的道路。

二、自治运动的主体性呈现方式

奈格里从主体的对抗性形式出发，指出了由此形成的共产主义的"过渡"形式，表明了共产主义是一种通向未来的不断运动的、并被不断建构的动态模式。那么这种从主体的对抗性出发形成的共产主义与马克思的共产主义有什么区别？它以什么样的形式出现？这是我们需要继续探索的问题。

在马克思对共产主义的阐释中，共产主义被视作一种由客观性决定的通向未来的道路。但在奈格里的共产主义阐释中，他抛掉了客观性的层面，转而以革命的主体性构建了具有过渡形式的共产主义。由此观之，虽然马克思和奈格里都将其革命的目标指向共产主义，但是二者的革命理论所通向共产主义道路的方式是不同的。那么奈格里提出的这种共产主义的道路是以何种方式呈现的？

马克思的共产主义要达到的是全人类的普遍解放和共同发展，也就是说，共产主义的解放不是个人的解放，而是以个人解放为基础的全人

---

① ［意］奈格里：《〈大纲〉：超越马克思的马克思》，张梧等译，北京师范大学出版社2011年版，第206页。

② ［意］奈格里：《〈大纲〉：超越马克思的马克思》，张梧等译，北京师范大学出版社2011年版，第205页。

类的解放，是全人类的共同解放。这里的全人类指涉的是一种"共同体"的含义。如果从共产主义与共同体的关系出发看待社会形态的转变，那么资本主义是与个人或者财富的私人占有对应；社会主义是与集体或者公有财富对应；而共产主义则是与共有或财富的共同享有相对应。在这个意义上，私有、公有和共有的对比能够表达出共产主义与其他社会形态的根本区别。

在奈格里看来，共同体或者共有的概念与自治主体通过生命政治生产所形成"共同性"的概念是一致的，都是对财富普遍地、共同地享有。在这个意义上，马克思的共产主义与奈格里的共产主义所要追寻的解放的理念是相同的。但是二者在实现方式上确是不同的。具体来说，在马克思追寻共产主义的道路上，他通过对资本主义社会物质产品私人占有这一本质的扬弃来实现物质产品的全体共有。这表达了两层含义：一方面，马克思的主要关注点还是集中于对物质财富的占有问题；另一方面，实现共产主义的财富的共同享有是要通过财富的创造、财富的私人占有、扬弃财富的私人占有并达到共同所有这三个步骤实现的。

然而，奈格里通向共产主义道路的方式却与马克思的方式不同，也可以说，整个意大利自治主义运动意图实现共产主义的方式都与马克思的不同。他们关注的重点并不在物质生产层面，而是在当代逐步占据统治地位的非物质生产，或者说是生命政治生产之上。在哈特和奈格里看来："经济生产正在经历一个过渡时期，其造成的后果是，资本主义生产的产品就是社会关系和生命形式。也就是说，资本主义生产正在变成生命政治生产。"[①] 生命政治生产表达的是主体性的自主生产能力和潜

---

① ［美］迈克尔·哈特、［意］安东尼奥·奈格里：《大同世界》，王行坤译，中国人民大学出版社 2016 年版，第 98—99 页。

能。这种新的主体性的生产形式的产物不是作为外在于自身并与自身相异的物，而是主体自身的需求的表达。生命政治产物的存在形式是信息、语言、情感等能够与他人共同分享的非物质产品，它代表生命之间的相互关联，表现为生命本身以及生命与生命之间的社会关系的生产。作为产物来讲，这是能够被共享的共同性；作为生产前提来讲，这种沟通、联系、交流构成了后续生产的基础。可见，这种共同性的生产不仅是单个生命的创造过程，而且代表个体与共同体的融合，个体为共同体的贡献。在这个意义上，个体完全被包容在由共同性构建的共同体之中，共同性的生产实现的是个体与共同体利益的共同发展。可见，在奈格里描绘的生命政治生产共同性的途径中，蕴含着通往共产主义道路的前景和希望。

三、自治运动的共产主义道路何以可能

如果说马克思是通过财富被资本主义私人占有的这一反面战场上斗争的胜利走向的共产主义。那么奈格里通向共产主义的路径则是一条直面共产主义的康庄大道，可以依照着生命政治生产共同性的方式去直接追求解放。显然，这两条道路的走向是不同，甚至是相反的。如果将马克思的共产主义称之共产主义的话，那么依照奈格里的思想，自治主体所通向的共产主义将是新模式的共产主义。正如哈维在评价哈特和奈格里的革命道路时所指出的那样："这个原创性的贡献必须直接纳入如下任务：探索革命可能性，重新定义能够重焕活力的共产主义筹划——真正的另类现代性。"①

---

① ［美］大卫·哈维：《解释世界还是改造世界——评哈特、奈格里的〈大同世界〉》，王行坤译，《上海文化》2016 年第 2 期。

　　哈特和奈格里的"另类现代性"概念的提出为共产主义新模式提供了理论支撑。正如共产主义的新模式是与共产主义相较之下提出的。另类现代性的提出也是在与现代性、反现代性等一系列相似概念的比较中被确认的。现代性与反现代性是作为一副对子出现的，反现代性代表与现代性的对立。然而，它同时是与现代性共生的，也就是说，反现代性总是在现代性的关系之中的进行反抗，这种反抗最终无法超越现代性。换句话说，反现代性与现代性处于同一维度之中，无论反抗如何激烈，都始终跳不出这一维度。针对这一问题，哈特和奈格里提出要将"反抗转移到另类模式"[①]，走向另类现代性道路，去彻底超越并摆脱现代性的统治。在我们看来，"另类现代性"意味着与现代性及其权力关系的彻底决裂。反抗与革命过程的最终结果必须是新人性的创造，这就超越了现代性与反现代性的静态对立，而呈现为动态的创造性过程。从反现代性到另类现代性的转变过程，并非由对立，而是由断裂和改造所构成。[②] 哈特和奈格里接着指出，从这种另类现代性的理念出发，"让我们可以很好地区分社会主义与共产主义：社会主义在现代性与反现代性之间莫衷一是，而共产主义必须与共同性建立直接的关系，从而与现代性和反现代性同时决裂，并发展出另类现代性的道路"[③]。正是在这种对"另类"寻求的意义上，奈格里通过自治运动所要实现的共产主义才是新模式的共产主义。

---

① ［美］迈克尔·哈特、［意］安东尼奥·奈格里：《大同世界》，王行坤译，中国人民大学出版社 2016 年版，第 71 页。

② 参见［美］迈克尔·哈特、［意］安东尼奥·奈格里：《大同世界》，王行坤译，中国人民大学出版社 2016 年版，第 71—72 页。

③ ［美］迈克尔·哈特、［意］安东尼奥·奈格里：《大同世界》，王行坤译，中国人民大学出版社 2016 年版，第 74 页。

结　语

　　奈格里从当代资本帝国的客观现实出发，指出了新的社会生产环境下生产方式的变革，提出了生产过程中资本与劳动关系的分离以及非物质生产劳动的霸权性作用。以非物质劳动为基础的生产活动表达的是人的主体性的生产维度，对这一维度的关注直接将生产的视角从外在于劳动的资本生产转移到了人本身的生产，即人的生命政治的生产当中。生命政治生产体现了生命本身的内在性力量，它开启了当代资本主义批判研究的新视域。从生命政治劳动的生产出发，主体能够脱离资本的统治而进行自主性、创造性的运动，由此展现了自治主体生产自身及其社会关系的能力。生命政治运动从与资本的关系中出走，意图发展和壮大共同性，并以此为基础来对抗资本主义的统治。在这个意义上，自治主体的运动具有变革资本主义的能力。总的来说，奈格里将自治主体作为当前时代新的革命主体，并基于自治主体的内在性力量提出了反抗资本主义的新策略，期望最终通达共产主义的解放道路。这是对当代资本主义社会中革命主体失落的问题以及马克思主义革命问题所面临困境的一种回应。与此同时，奈格里提出的主体性视角也在一定程度上补充了以往对资本主义的客观性批判所带来的主体行动上的不足。

在全球化资本主义环境中，关于自治主体及其解放道路的研究具有重大的理论和现实意义。本文正是通过对——自治主体的产生背景、自治主体及其内在性力量、自治主体的生命政治运动、自治运动对资本主义的超越以及自治主体实现的新道路——这五个部分的研究展示了自治主体运动形式的逻辑脉络。对自治主体问题的研究虽然展现了奈格里理论研究的核心问题，但还有一些具体的问题有待进一步的深入探讨。具体而言：

第一，对自治主体的具体组织和行动问题的深入考察。奈格里把作为自治主体的诸众确认为新的革命主体，并把对诸众的相关问题的研究视作其理论思想的核心。从这一角度来看，"帝国三部曲"都是为诸众服务的。从宏观上来看，《帝国》为诸众的出场铺设了现实的背景；《诸众》则对诸众本身及其民主的目标进行了阐释；《大同世界》则指明了诸众所要构建的世界。这三部著作表达的就是诸众的能力及其变革资本主义社会的可能性。然而，不仅这三部著作，而且包括奈格里的早期著作在内，都很少涉及关于诸众的具体组织和行动的问题。事实上，组织和行动的问题对于将诸众的能力转变为现实的实践具有重大的意义，它直接决定了奈格里的思想与现实之间的距离。因此，这是需要进一步考察的重点问题。

第二，对自治主体内在的本体论前提及其哲学问题的考察。奈格里主体的对抗性逻辑及其激进的民主政治等的思想都来源于他对相关哲学问题的思考。这些哲学问题构成了其理论问题的内在前提。从哲学层面看待相关的理论问题，对于问题的深入理解有着重要意义。

第三，对意大利自治主义马克思主义思想的整体把握。意大利自治主义流派的学者如沃尔佩、科莱蒂、特隆蒂、维尔诺等，他们对于同一问题的相互论证或是相互批判都是理解相关理论问题的重要资源。因此，深入研究这些不同思想家思考问题的相同和相异之处对于理论问题的分析具有重要意义。

第四，与西方左翼政治哲学思想的理论融合。奈格里是西方激进左翼的代表人物之一，从奈格里出发，在相关的理论问题上与其他同为左翼的学者的思想对话，能够加深对问题的理解。如在生命政治的问题上，福柯、阿甘本、齐泽克等哲学家都有着各自独到的见解。生命政治问题在这些哲学家的思想争鸣中得到了极大的延展。

参考文献

1. 中文著作

[1]《马克思恩格斯全集》第 30 卷，人民出版社 1997 年版。

[2]《马克思恩格斯全集》第 31 卷，人民出版社 1998 年版。

[3]《马克思恩格斯文集》第 1—10 卷，人民出版社 2009 年版。

[4]《马克思恩格斯选集》第 1—4 卷，人民出版社 2012 年版。

[5]《马克思 . 剩余价值学说史》第 2 册，人民出版社 1975 年版。

[6]《列宁选集》第 1—4 卷，人民出版社 2012 年版。

[7] 列宁：《帝国主义是资本主义的最高阶段》，人民出版社 2014 年版。

[8]［德］黑格尔：《小逻辑》，贺麟译，商务印书馆 1980 年版。

[9]［匈］卢卡奇：《历史与阶级意识》，杜章智等译，商务印书馆 1999 年版。

[10]［德］卡尔·柯尔施：《卡尔·马克思》，熊子云等译，重庆出版社 1993 年版。

[11]［美］马尔库塞：《单向度的人》，刘继译，上海译文出版社 2008 年版。

[12] [美] 马尔库塞:《理性和革命——黑格尔和社会理论的兴起》,程志民译,重庆出版社 1996 年版。

[13] [德] 哈贝马斯:《交往行为理论》第一卷,曹卫东译,上海人民出版社 2004 年版。

[14] [美] 迈克尔·哈特、[意] 安东尼奥·奈格里:《帝国——全球化的政治秩序》,杨建国、范一亭译,江苏人民出版社 2008 年版。

[15] [意] 安东尼奥·奈格里:《〈大纲〉:超越马克思的马克思》,张梧等译,北京师范大学出版社 2011 年版。

[16] [意] 安东尼奥·奈格里:《超越帝国》,李琨等译,北京大学出版社 2016 年版。

[17] [意] 安东尼奥·奈格里、[美] 迈克尔·哈特:《大同世界》,王行坤译,中国人民大学出版社 2016 年版。

[18] [意] 安东尼奥·奈格里:《艺术与诸众》,尉光吉译,重庆大学出版社 2016 年版。

[19] 孔明安:《当代国外马克思主义新思潮研究——从西方马克思主义到后马克思主义》,中央编译出版社 2012 年版。

[20] [美] 斯坦利·阿罗诺维茨:《控诉帝国:21 世纪世界秩序中的全球化及其抵抗》,尉光吉译,广西师范大学出版社 2004 年版。

[21] [意] 保罗·维尔诺:《诸众的语法:当代生活方式的分析》,董必成译,商务印书馆 2017 年版。

[22] [意] 吉奥乔·阿甘本:《神圣人:至高权力与赤裸生命》,吴冠军译,中央编译出版社 2016 年版。

[23] [英] 伯尔基:《马克思主义的起源》,伍庆等译,华东师范大学出版社 2007 年版。

[24] [德] 海因茨·D.库尔茨:《经济思想简史》,刘英译,中国社会科学

出版社 2016 年版。

[25]〔波兰〕莱泽克·科拉科夫斯基:《马克思主义的主要流派》(第一、三卷),唐少杰等译,黑龙江大学出版社 2015 年版。

[26]〔美〕汉娜·阿伦特:《论革命》,陈周旺译,译林出版社 2011 年版。

[27]〔印〕阿马蒂亚·森:《身份与暴力》,李风华等译,中国人民大学出版社 2013 年版。

[28]〔美〕大卫·哈维:《资本社会的 17 个矛盾》,许瑞宋译,中信出版社 2016 年版。

[29]〔美〕大卫·哈维:《后现代的状况》,阎嘉译,商务印书馆 2003 年版。

[30]〔美〕大卫·哈维:《跟大卫·哈维读〈资本论〉》第一卷,刘英译,上海译文出版社 2013 年版。

[31]〔美〕丹尼尔·贝尔:《后工业社会的来临》,高铦等译,新华出版社 1997 年版。

[32]〔美〕道格拉斯·拉米斯:《激进民主》,刘元琪译,中国人民大学出版社 2016 年版。

[33]〔美〕约瑟夫·熊彼特:《资本主义、社会主义与民主》,吴良健译,商务印书馆 1999 年版。

[34]〔美〕塞缪尔·鲍尔斯、赫伯特·金蒂斯:《民主与资本主义》,韩水法译,商务印书馆 2013 年版。

[35]〔美〕恩斯特·拉克劳、查特尔·墨菲:《领导权与社会主义的策略》,尹树广等译,黑龙江人民出版社 2003 年版。

[36]〔英〕恩斯特·拉克劳:《我们时代革命的新反思》,孔明安等译,黑龙江人民出版社 2007 年版。

[37]〔法〕古斯塔夫·勒庞:《革命心理学》,佟德志等译,广东人民出版社 2012 年版。

［38］［法］古斯塔夫·勒庞：《乌合之众：大众心理研究》，冯克利译，中央编译出版社 2017 年版。

［39］［英］科恩：《为什么不要社会主义》，段忠桥译，人民出版社 2011 年版。

［40］［法］福柯：《规训与惩罚》，冯克利译，华东师范大学出版社 2007 年版。

［41］［法］福柯：《必须保卫社会》，钱翰译，上海人民出版社 2010 年版。

［42］［法］福柯：《生命政治的诞生》，莫伟民等译，上海人民出版社 2011 年版。

［43］［荷兰］斯宾诺莎：《政治论》，冯炳坤译，商务印书馆 1999 年版。

［44］［法］艾蒂安·巴利巴尔：《斯宾诺莎与政治》，徐晔等译，西北大学出版社 2015 年版。

［45］［法］卢梭：《社会契约论》，李平沤译，商务印书馆 2015 年版。

［46］［英］洛克：《政府论》（下篇），瞿菊弄等译，商务印书馆 2016 年版。

［47］［美］约翰·罗尔斯：《正义论》，何怀宏等译，中国社会科学出版社 2009 年版。

［48］张一兵：《照亮世界的马克思——张一兵与齐泽克、哈维、奈格里等学者的对话》，上海人民出版社 2018 年版。

［49］许纪霖：《帝国、都市与现代性》，江苏人民出版社 2006 年版。

［50］宋晓杰：《政治主体性、绝对内在性和革命政治学》，人民出版社 2014 年版。

2. 英文著作

［1］ Antonio Negri, *Reflection on Empire*, Cambridge: Polity Press, 2008.

［2］ Antonio Negri, Michael Hardt, *Multitude:War and Democracy in the Age of Empire*, New York: The Penguin Press, 2004.

［3］ Paolo Virno, *A Grammar of Multitude:For an Analysis of Contemporar Forms of Life*, LA: Semiotext（e）, 2004.

［4］ Antonio Negri, Michael Hardt, *Empire*, Harvard University Press, 2000.

［5］ Paolo Virno, Michael Hardt（ed.）, *Radical Thought in Italy: A Potential Politics*, Minnesota: University of Minnesota Press,1996.

［6］ Antonio Negri, *The Savage Anomaly: The Power of Spinoza's Metaphysics and Politics*, Minneapolis University Press, 1991.

［7］ Antonio Negri, *Marx beyond Marx:Lessons on the Grundrisse*, New York, London: Autonomedia & Pluto Press, 1991.

［8］ Gilles Deleuze, *Foucault*, Sean Hand（trans.）, Mineapolis: University of Minnesota Press, 1988.

［9］ Michael Hardt, Antonio Negri, *Labor of Dionysus: A Critique of the State-Form*, Minneapolis: University of Minnasota Press, 1994.

［10］ Nick Dyer-Witheford, *Autonomist Marxism*, Canberra: Treason Press, 2004.

［11］ Antonio Negri, *Time for Revolution*, New York, London: Continuum, 2003.

［12］ Micheal Hardt, Antonio Negri, *Declaration*, distributed by Argo Navis Author Services, 2012.

［13］ Micheal Hardt, Antonio Negri, *Assembly*, New York: Oxford University Press, 2017.

［14］ Antonio Negri, *Marx and Foucault: Essays*, Cambridge: Polity, 2017.

［15］ Peter Hudis, *Marx's Concept of the Alternative to Capitalism*, Chicago: Haymarket, 2013.

［16］ John Holloway, et al., *Negativity and Revolution*, London: Pluto Press, 2009.

3. 中文期刊

[1] 孙正聿：《从两极到中介——现代哲学的革命》，《哲学研究》1988 年第 8 期。

[2] 孙正聿：《怎样理解马克思的哲学革命》，《吉林大学社会科学学报》2005 年第 3 期。

[4] 孙正聿：《历史的唯物主义与马克思主义的新世界观》，《哲学研究》2007 年第 3 期。

[7] 张盾、赵彦娟：《激进民主：马克思政治理论域中的民主问题》，《学术月刊》2016 年第 10 期。

[8] 张盾：《财产权批判的政治观念与历史方法》，《哲学研究》2011 年第 8 期。

[9] 张盾：《财产权批判与〈资本论〉的主题》，《江海学刊》2011 年第 6 期。

[10] 王庆丰：《资本统治权的诞生》，《国外理论动态》2018 年第 8 期。

[13] 王庆丰：《批判的辩证法与共产主义》，《哲学动态》2013 年第 7 期。

[14] 白刚：《劳动、革命与自由——马克思与阿伦特政治哲学比较》，《马克思主义与现实》2011 年第 5 期。

[15] 白刚：《资本、革命与自由——从〈共产党宣言〉到〈资本论〉》，《学术研究》2016 年第 5 期。

[16] 程彪：《马克思的"生产"概念："物质生活的生产"》，《长白学刊》2012 年第 4 期。

[17] 程彪、夏登杰：《被生产的生活》，《江海学刊》2010 年第 6 期。

[18] 杨耕：《重新理解唯物主义的历史形态及其革命性变革》，《中国社会科学》2016 年第 11 期。

[19] 王南湜：《改变世界的哲学何以可能（上）——从马克思到后马克思

主义》,《学术月刊》2012 年第 1 期。

[20] 王南湜:《改变世界的哲学何以可能(下)——一个基于行动者与旁观者双重视角的构想》,《学术月刊》2012 年第 2 期。

[21] 张一兵:《非物质劳动与创造性剩余价值——奈格里和哈特的〈帝国〉解读》,《国外理论动态》2017 年第 7 期。

[22] 张一兵:《反抗帝国:新的革命主体和社会主义战略——奈格里、哈特〈帝国〉解读》,《东岳论丛》2018 年第 5 期。

[23] 张一兵:《后福特制资本主义生产中的一般智力与活劳动——维尔诺的〈诸众的语法〉解读》,《国外理论动态》2018 年第 7 期。

[24] 邹诗鹏:《马克思何以在激进民主主义上逗留?——再现马克思〈德法年鉴〉时期的政治哲学思想》,《哲学研究》2012 年第 5 期。

[25] 陈学明:《评〈帝国〉一书对当代资本主义的最新批判》,《当代国外马克思主义评论》2007 年第 1 期。

[26] 刘怀玉、陈培永:《从非物质劳动到生命政治自治主义马克思主义大众政治主体的建构》,《马克思主义与现实》2009 年第 2 期。

[27] 陈培永:《马克思经济学方法论的奈格里式激进政治解读》,《哲学研究》2015 年第 10 期。

[28] 陈培永:《"自治主义马克思主义"的全景图绘》,《学术月刊》2012 年第 9 期。

[29] 陈培永:《后帝国主义时代的革命主体建构》,《理论探讨》2011 年第 4 期。

[30] 陈培永:《马克思"资本构成"概念的反向重构——对自治主义马克思主义"阶级构成"学说的评判》,《现代哲学》2011 年第 3 期。

[31] 汪行福:《〈帝国〉:后现代革命的宏大叙事》,《当代国外马克思主义评论》2007 年第 5 期。

[32] 汪行福：《为什么是共产主义？——激进左派政治话语的新发明》，《当代国外马克思主义评论》2010 年第 8 期。

[33] 汪行福等：《劳动、政治与民主——访安东尼奥·奈格里教授》，《哲学动态》2009 年第 7 期。

[34] 彭玉峰：《唯物主义目的论与改变世界——哈特、奈格里对福山历史终结论的批判》，《国外理论动态》2018 年第 4 期。

[35] 宋晓杰：《政治性—主体性的逻辑构架与阶级斗争的革命政治学——安东尼奥·奈格里对历史唯物主义的重构》，《当代世界与社会主义》2012 年第 1 期。

[36] 宋晓杰：《拒绝黑格尔的马克思如何可能？——奈格里"创构性本体论"的方法论路径》，《山东社会科学》2014 年第 1 期。

[37] 宋晓杰：《西方学界关于奈格里思想研究现状综述》，《国外社会科学》2011 年第 1 期。

[38] 宋晓杰：《诸众政治的逻辑脉络——以安东尼奥·奈格里为中心线索》，《江海学刊》2013 年第 2 期。

[39] 王平：《哈特和内格里后马克思主义正义思想的逻辑路径》，《马克思主义与现实》2015 年第 4 期。

[40] 王平：《哈特与内格里后马克思主义激进民主的致思路径》，《哲学动态》2012 年第 2 期。

[41] 任小艳：《主体动力学与阶级解放的政治拯救——奈格里对马克思〈1857—1858 年经济学手稿〉共产主义思想的阐释》，《社会科学论坛》2013 年第 11 期。

[42] 丁瑞兆：《"外界"：资本搏杀之域——哈特和奈格里的"外界"理论浅析》，《哲学研究》2012 年第 9 期。

[43] 孙乐强：《超越"机器论片断"：〈资本论〉哲学意义的再审视》，《学

术月刊》2017 年第 5 期。

[44] 孙乐强：《从辩证矛盾到真正对立：辩证法的终结？——新实证主义马克思主义与自治主义马克思主义的当代反思》，《山东社会科学》2014 年第 10 期。

[45] 孙乐强：《自治主义的大众哲学与伦理主义的主体政治学——对奈格里关于马克思"机器论片断"当代阐释的批判性反思》，《南京大学学报》2013 年第 3 期。

[46] 唐正东：《出离：生命政治生产中的抵抗形式——对哈特和奈格里的阶级斗争观的一种解读》，《山东社会科学》2014 年第 1 期。

[47] 唐正东：《"一般智力"的历史作用：马克思的解读视角及其当代意义》，《马克思主义与现实》2012 年第 4 期。

[48] 唐正东：《非物质劳动条件下剥削及危机的新形式——基于马克思的立场对哈特和奈格里观点的解读》，《哲学研究》2013 年第 8 期。

[49] 孙亮：《创造"共有财富"世界的前提与重塑生产劳动的逻辑——对约翰·霍洛威与哈特、奈格里论辩的批判性解读》，《华东师范大学学报》2017 年第 5 期。

[50] 尼古拉·布朗等：《什么是群众？——迈克尔·哈特和安东尼·内格里访谈录》，《文艺研究》2005 年第 7 期。

[51] ［美］迈克尔·哈特、［意］安东尼奥·奈格里：《从危机到出走的阶级斗争》，《马克思主义与现实》2014 年第 6 期。

[52] ［美］迈克尔·哈特、陆心宇：《共产主义之共者》，《当代国外马克思主义评论》2012 年第 8 期。

[53] ［意］安东尼奥·奈格里、申林：《共产主义：概念与实践之思》，《当代国外马克思主义评论》2010 年第 7 期。

[54] ［意］安东尼奥·奈格里：《马克思主义的发展与社会转型——内格里访谈》，肖辉译，《国外理论动态》2017 年第 10 期。

[55] [美] 迈克尔·哈特等：《大众的历险》，《国外理论动态》2004 年第 8 期。

[56] [斯] 斯拉沃热·齐泽克：《〈帝国〉：21 世纪的〈共产党宣言〉?》，张兆一摘译，《国外理论动态》2004 年第 8 期。

[57] 尹晶、朱国华：《帝国与诸众的交锋——迈克尔·哈特访谈》，《文艺理论研究》2010 年第 1 期。

[58] 杨乔喻：《文本解读、哲学研究和政治实践：对话安东尼奥·奈格里》，《国外理论动态》2017 年第 10 期。

[59] 鲁绍臣：《奈格里"对抗性"主体理论的贡献与反思》，《当代国外马克思主义评论》2016 年第 6 期。

[60] 鲁绍臣：《资本主体批判：奈格里主体理论的路径与反思》，《国外理论动态》2016 年第 3 期。

[61] 仰海峰：《〈资本论〉与〈政治经济学批判大纲〉的逻辑差异》，《哲学研究》2016 年第 8 期。

[62] 韩立新：《"物"的胜利——以〈政治经济学批判大纲〉的〈货币章〉为中心》，《哲学研究》2017 年第 12 期。

[63] 张梧、王巍：《重建主体：对〈经济学手稿（1857—1858 年）〉的政治解读——评奈格里的〈超越马克思的马克思〉》，《马克思主义与现实》2009 年第 5 期。

[64] 谢富胜、黄蕾：《福特主义、新福特主义和后福特主义——兼论当代发达资本主义国家生产方式的演变》，《教学与研究》2005 年第 8 期。

[65] 张早林：《从"诸众"到"共有者"——哈特与奈格里激进政治主体的逻辑转换及当代意义》，《南京社会科学》2015 年第 7 期。

[66] [美] 大卫·哈维：《解释世界还是改造世界——评哈特、奈格里的〈大同世界〉》，王行坤译，《上海文化》2016 年第 2 期。

[67] [美] 迈克尔·哈特、[意] 安东尼奥·奈格里：《也论解释世界还是

改造世界——对哈维批评的回应》，王行坤译，《上海文化》2016 年第 2 期。

[68] 莫伟民：《奈格里的生命政治生产及其与福柯思想的歧异》，《学术月刊》2017 年第 8 期。

[69] [意] 马里奥·特隆蒂：《我们的工人主义运动》，吴晓佳译，《马克思主义与现实》2018 年第 2 期。

[69] [美] 迈克尔·哈特：《当代意大利激进思想·序言》，张勇译，《国外理论动态》2005 年第 3 期。

[70]夏莹、邢冰：《论"流氓无产阶级"及其在当代哲学语境中的嬗变》，《探索与争鸣》2019 年第 2 期。

[71] [美] 约翰·B.福斯特：《垄断资本和新的全球化》，陈喜贵摘译，《国外理论动态》2003 年第 6 期。

[72] [埃] 萨米尔·阿明：《帝国与大众》，段欣毅译，《国外理论动态》2007 年第 5 期。

责任编辑：曹　春

图书在版编目（CIP）数据

奈格里的自治主体思想研究 / 李胤 著 .—北京：人民出版社，2021.12

ISBN 978－7－01－023995－8

I.①奈…　II.①李…　III.①奈格里－政治思想－研究　IV.① D095.46

中国版本图书馆 CIP 数据核字（2021）第 236736 号

奈格里的自治主体思想研究
NAIGELI DE ZIZHIZHUTI SIXIANG YANJIU

李胤　著

人民出版社 出版发行

（100706　北京市东城区隆福寺街 99 号）

北京盛通印刷股份有限公司印刷　新华书店经销

2021 年 12 月第 1 版　2021 年 12 月北京第 1 次印刷

开本：710 毫米 ×1000 毫米 1/16　印张：11.5

字数：156 千字

ISBN 978－7－01－023995－8　定价：68.00 元

邮购地址 100706　北京市东城区隆福寺街 99 号

人民东方图书销售中心　电话：（010）65250042　65289539